誰でも成果を出し続けられる「顧客実現の法則」

「営業」とは再現性のある科学

Marketing × Research

木下悠 Yu Kinoshita

日本実業出版社

すべての営業が、自分の仕事に自信と誇りを
持てることを願って

プロローグ

「商品力」で差がつきにくい時代、「営業力」で差がつく

「これからは、営業力で差がつく時代になります」

私は講演や研修などで、よくこう話しています。

なぜなら、**「商品力」では差がつきにくくなってきた**からです（ここで言う「商品力」とは、ブランドにまつわる無形資産や情緒的な価値を含まず、商品やサービス自体が持つ機能的な価値を指します）。

さまざまな分野での技術革新や商品開発に対する企業努力によって、業界を問わず、「商品力」はどんどん磨かれています。

しかしその結果、商品の機能や特性に違いはあるものの、**どの商品でも一定の満足感は得ら**

れるようになりました。

たとえば、ペットボトル飲料のお茶はどれも美味しいですし、洗剤はどのメーカーの洗剤でも汚れは落ちます。どのメーカーのテレビもきれいに映りますし、どのメーカーの掃除機でもゴミは吸い取れます。これは、家や車などでも同様です。

B2Cの商材を例に挙げましたが、B2Bの商材にも当てはまることは容易にイメージできるでしょう。

私は、これを**「製品間の知覚差異の極小化」**と呼んでいます。

言ってみれば、どの商品・サービスも一定水準の質が保たれており、商品自体に大きな差がなくなったわけです。

そして、インターネットの普及により、お客様が自分で情報を収集し、商品を選択し購入できるようになったことで、営業不要論も出ていますが、私はそれには異を唱えています。

なぜなら、**企業の競争優位性は「商品力」と「営業力」によって決まる**からです。

「製品間の知覚差異の極小化」により、「商品力」〝では〟差がつきにくくなった市場環境において、企業が競争優位性を確立するキーになるのが**「営業力」**です。

商品数が増え、カテゴリも細分化され、購入チャネルも多岐に渡るなかで、お客様は**自分にとって〝本当に〟必要なもの**を選べているのでしょうか？

人は案外、自分が本当にほしいもの・必要なものをわかっていないものです。

事実、「会社や商品による差がわからず、どれがいいのかわからない」「情報があふれていて、何をどう判断して良いかわからない」というお客様が増えています。

そのようなときに、お客様の現状と向き合い、要望を丁寧に整理し、気づきを与えることで、「あなたの会社の商品・サービスが自分にピッタリ！」と思っていただく。その役割を担うのが〝営業〟という職種です。


私が日々接している住宅・不動産業界でも、お客様を導くことの上手な営業が多く（＝営業力の強い）、順調に業績を伸ばしている会社がある一方で、営業がなかなか育たず、業績が伸び悩んでいる会社も存在します。

そして、悩んでいる会社は、〝**営業力を磨かなければ勝ち残れない**〟と危機感を感じ、さまざまな施策を講じています。

ほかの業界でも、無意識のうちに商品力に頼って勝ってきた会社が、気づかないうちに「営業力」が相対的に弱くなっていた、商品力が競合と均衡してきたなかで競り負けるようになってきた、というケースを耳にします。

これからの時代で勝ち残っていくためには、世の中の変化、お客様の変化にうまく対応し、どんなときでも成果を出し続けられる人と組織。つまりは、**営業個人と営業組織における成果の再現性**が求められます。

「営業＝属人性の強い仕事」というイメージを持たれている方も多いですが、**「どんなときでも成果を出し続ける（＝成果に再現性をもたらす）法則」**は確実に存在します。

本書では、どんなときでも成果を出し続けられる個人と組織に必要な**「考え方」**と、その考え方を活かすために必要な**「営業力の磨き方」**を、「成果に再現性をもたらす法則」として解説していきます。

営業とは「再現性のある科学」という結論にたどり着いた3つの原体験

私は、リクルートに新卒で入社し、住宅領域（ＳＵＵＭＯ）の営業として、住宅・不動産会社の集客支援・販売支援業務に従事してきました。

その後、マーケティング・リサーチ会社のマクロミルに転職し、プレイヤーとして食品・飲料メーカーのリサーチ支援を行い、営業マネジャー・営業部長として約50名のメンバーを指導・育成してきました。

現在はhomieという不動産Ｔｅｃｈのスタートアップで、営業担当執行役員として住宅・不動産業界の、営業の業務やあり方を変革すべく従事しています。

3社での営業経験を通して成果を出すべく試行錯誤を続けるなかで、**「営業とは再現性のある科学である」**という結論にたどり着きました。

ここで、そのように考えるに至った原体験について触れていきます。

1 「プロセスの棚卸し」と「横展開」によって、成果を出し続けられた

リクルートと言えば、「営業が強い」「営業力が高い」というイメージを持たれている方が多いと思います。

私自身も、在籍当時は個人が持っているそもそもの素質が高いのだと感じていました。しかし、外に出て振り返ってみると、その高い営業力は、**「個人による属人化の追求」**と**「組織による仕組み化」の両輪**によって再現性がもたらされていたことがよくわかります。

私が在籍していた当時、リクルートの社内では**「アタリマエ」「オモテナシ」「アリエナイ」**という言葉がよく使われていました。

「アタリマエ」はできていないと気持ち悪いレベルの行動、「オモテナシ」はお客様が感動するレベルの行動、そして、「アリエナイ」はお客様ががっかりするレベルの行動です。

高いレベルで設定された「アタリマエ」を、誰かが壊して「オモテナシ」レベルの事例をつ

筆者が考える「リクルートの営業の強さ」

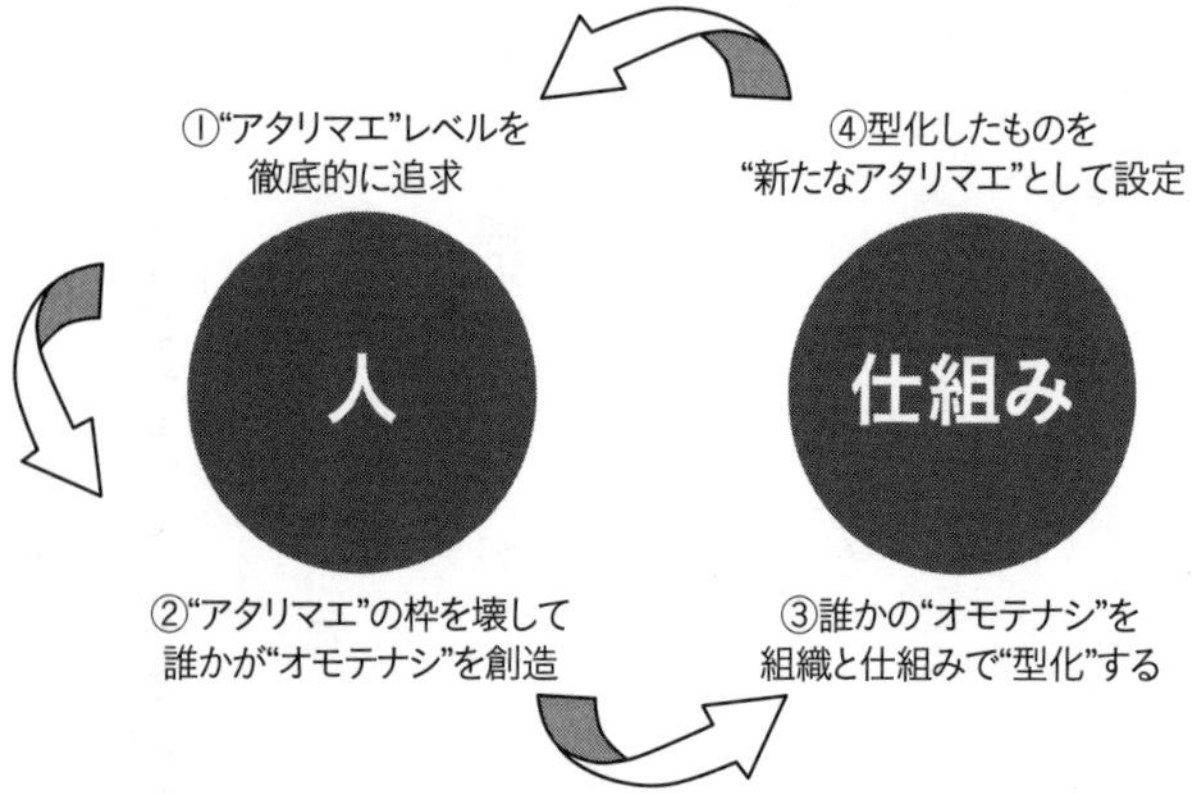
①"アタリマエ"レベルを
徹底的に追求
④型化したものを
"新たなアタリマエ"として設定
人
仕組み
②"アタリマエ"の枠を壊して
誰かが"オモテナシ"を創造
③誰かの"オモテナシ"を
組織と仕組みで"型化"する

くると、それを組織と仕組みによって型化し、新たな「アタリマエ」として設定される（上の図）。リクルートでは、この繰り返しによって、個人と組織の営業力が高まっていくサイクルが確立されていたのです。

組織としてのアタリマエレベルを高く設定するための仕組みとして、リクルートの住宅領域には「営業ラジオ体操」という営業マニュアルのようなものがあります。

これは「伝説の営業」と呼ばれる方々の行動を言語化し、ラジオ体操のように音楽が鳴ると勝手に体が動き出す状態となるべく実践する基本行動です。

「営業ラジオ体操」のように、成果を出すことができた属人的な行動を仕組み化することで組織の「アタリマエ」を定めると同時に、そのレベルを高める「オモテナシ」をつくっていたのがリクルートの**〝ナレッジ共有〟**という文化です。

私が在籍していた当時、社内には日常的に、個人の工夫や試行錯誤を共有する機会にあふれていました。

日々の何気ない情報交換、毎週の営業進捗会議（通称「ヨミ会」）に加え、半期に一度のナレッジ共有会（通称「ベスプラ」）、年に一度、全領域から10人だけが選ばれる「TOPGUN AWARD」など、個人が出した高い成果の「プロセスの棚卸し→型化→横展開」ということが仕組みとして確立されているのです。

ナレッジ共有の文化があることで、私自身も1つひとつの機会で、自分がやってきたプロセスを棚卸しし、言語化し、何がうまくいった要因だったのか、どういうことをすればお客様が喜んでくださるのかについて、日々考えることが習慣になっていました。

それに加えて、「ベスプラ」や「TOPGUN AWARD」のときに、壇上でプレゼンをしている先輩たちがとてもまぶしくて、いつか自分もあの舞台に立ちたいという憧れから、自身の仕事のレベルを引き上げることを常に模索していました。

日々、成果を出すために何が必要なのかを試行錯誤しながら、仕事の棚卸しを行い、成果が出たプロセスを横展開する。この繰り返しによって自分自身が成果を出し続けられるようになったことが、「営業とは再現性のある科学」と考える1つ目の原体験です。

2 前提が異なる組織でも、成功体験の共通項を伝えることで成果を出すことができた

2つ目の原体験は、マクロミルでの経験です。

マクロミルに転職をしてすぐに、マネジメント業務を任せていただいたのですが、そこでぶつかったのが**「いままでの経験をそのまま伝えても伝わらない」**という壁です。

マクロミルに入社して配属されたのは、大手消費財メーカーを担当する営業部でした。名前を聞いたことや、商品を使ったことがある食品・飲料メーカーが多かったものの、お客様であるマーケティング担当（＝商品開発担当）がどのような業務にあたっていて、どのようなことを求めているのか、まったく想像がつきませんでした。

しかも、他部門との連携や緻密な設計が求められる調査業務に苦戦しながらの、はじめての

マネジメント業務です。4人のメンバーに対して、「何をアドバイスしたらいいのだろう？」「何を伝えたらいいのだろう？」などと不安を抱えていました。

しかし、メンバーにとっては、そんなことはまったく関係ありません。新しい上司への期待と様子見も含めて、いろいろな相談を持ってきてくれました。

そのときに気づいたのが、リクルートでのコミュニケーションは（いま考えれば当たり前のことですが）**「住宅・不動産業界の知識や営業に対する考え方の前提がメンバー間でそろっているからこそ、うまくいっていた」**ということでした。

マクロミルではメンバーからの相談に対して、私が経験した不動産業界の事例やリクルートでのアタリマエを伝えても、彼ら彼女らにとっては当たり前ではないので伝わりません。

なんとかメンバーの役に立ちたいという一心で、相談を受けるたびに、メンバーの反応をうかがい、伝わっているのか／いないのかを確認し、コミュニケーションのチューニングを繰り返しました。

たとえば、過去の経験を抽象化し、メンバーがわかるたとえ話にして伝える。メンバーの興味のある内容（たとえば好きなスポーツや、好きな音楽など）を用いて、いま目の前で起こっている事象に対する自分なりの回答を伝えてみる。そうやって、メンバーとの共通言語を用いて、自分の経験を伝えるというコミュニケーションの試行錯誤を繰り返していました。

悩み、苦しみながらメンバーとのコミュニケーションを繰り返した結果、組織の成果を上げるために大事にすべきことが、少しずつ噛み合ってきた感覚を明確に覚えています。

私がメンバーに伝えている内容に対する理解が深まるにつれて、メンバーの意識が変わりはじめたのです。

そして、私とメンバーの間で、共通言語が増えてきたタイミングで、組織が目指す理想の姿を実現するために組織の行動指針を掲げ、組織の「アタリマエ」のレベルや大事にすべきことの目線をそろえることができました。

そのプロセスで編み出したのが、**「知る→攻める→創る」**という**「循環型営業サイクル**（次ページ上）」です。

それにより、いままで取引のなかった部署との取引がはじまったり、コンペが減って指名発注の本数が増えたりするなど、お客様との関係性は大きく変わりました。

結果として、もう伸びないと言われていた大手企業からの売上が2倍に伸長するなど、大きな成果を残すことができました。

最初は、メンバーにうまく理解してもらえるような伝え方ができず悩んでいましたが、マク

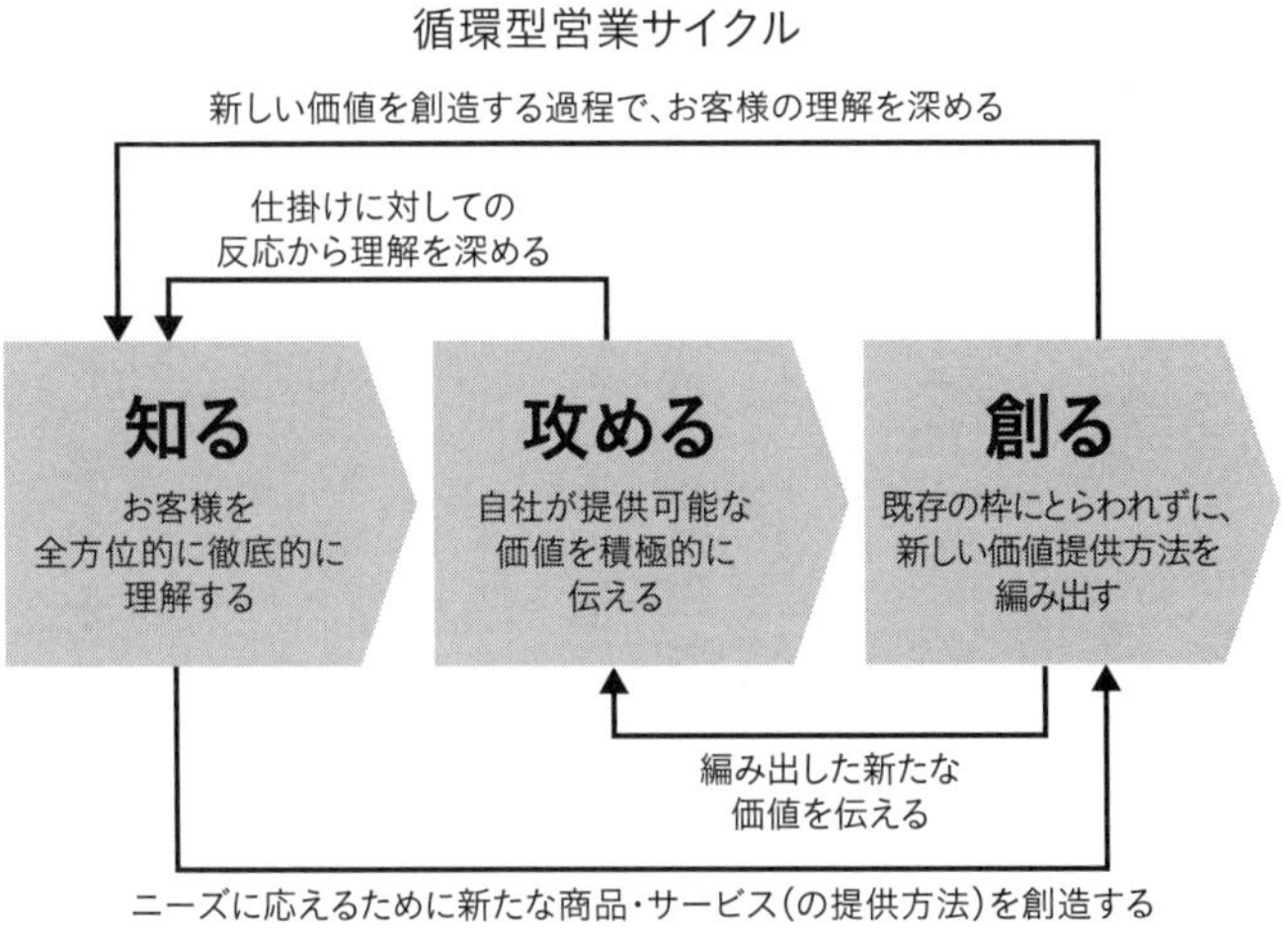
循環型営業サイクル
新しい価値を創造する過程で、お客様の理解を深める
仕掛けに対しての
反応から理解を深める
知る
お客様を
全方位的に徹底的に
理解する
攻める
自社が提供可能な
価値を積極的に
伝える
創る
既存の枠にとらわれずに、
新しい価値提供方法を
編み出す
編み出した新たな
価値を伝える
ニーズに応えるために新たな商品・サービス(の提供方法)を創造する

ロミルのこれまでのアタリマエと自分自身が感じてきたリクルートでのアタリマエを良い意味で疑い、自身が考える成功の要素を愚直に伝え続けたこと、組織の行動指針を自身が率先垂範して成果を出すこと、これらによって、メンバーへの説得力が増したことも大きかったように思います。

「リクルートで経験してきたことが、組織が変わっても通用する。そして、成功体験の共通項をやるべきこととして伝えると、誰でも成果を出せるようになる」ということが、マクロミルで営業組織を率いた経験での大きな気づきでした。

これも「営業とは再現性のある科学」という確信を深める経験でした。

3 業界が変わっても、営業が成果を出すために必要な要素は同じだった

そして3つ目は、現在所属しているスタートアップ・homieでの経験です。

homieは、住宅・不動産会社に対して、SUUMO等からの資料請求者に対しての初期対応を代行する「HOTLEAD」というサービスを提供しています。

homieでの経験による大きな気づきは、**対峙しているお客様の業界・業種や自社が扱う商材が変わっても、営業が成果を出すために必要な要素は同じ**だということです。

それは、「HOTLEAD」という新しいサービスを導入いただく企業を増やすための営業においても、いままで私が大事にしてきたことが通用していることが証明しています。

また、住宅・不動産会社の経営者、営業責任者、現場の方々との接点を通して、成果が出ている会社とそうではない会社の違いを掘り下げました。すると、住宅・不動産営業においても、「個人」と「組織」のそれぞれにとって、成果を出すうえで必要な要素が、私が大事にしてきたことと同様であることに気づいたのです。

この経験からわかったのは、広告営業、調査営業、新しいサービスの営業、住宅・不動産営業と業界が変わっても、営業の成果に再現性をもたらす要素は共通する。それは、B2BとB2Cでも同様であるということを意味します。

広辞苑によれば、「科学」とは**「観察や実験など経験的手続きにより実証されたデータを論理的・数理的処理によって一般化した法則的・体系的知識」**とあります。

3つの原体験を通して、営業についても**「成果を論理的に一般化することが可能であり、再現性をもたらす法則を体系的に説明できる」**ということに気づいたのです。

これが、**「営業は再現性のある科学である」**と結論づけている理由です。

成果の再現性に必要な要素は「マーケティング」と「リサーチ」

営業の成果に再現性をもたらすための法則について必要な要素を、**私なりに汎用的かつ普遍的なものにまとめると「マーケティング」と「リサーチ」**です。

これに気づくことができたのは、マクロミルでの経験があったからです。消費財メーカーや金融機関の事業の方向性を決めるプロジェクトや商品開発プロジェクトに携わるなかで、私自身の「マーケティング」と「リサーチ」に対しての考え方が磨かれていきました。

「マーケティング」と「リサーチ」は、人によって定義や認識がさまざまですが、その本質を営業が理解することは、とても強力な武器になります。

本書の全体像は、次ページの図の通りです。

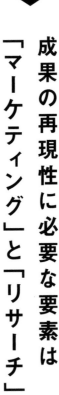

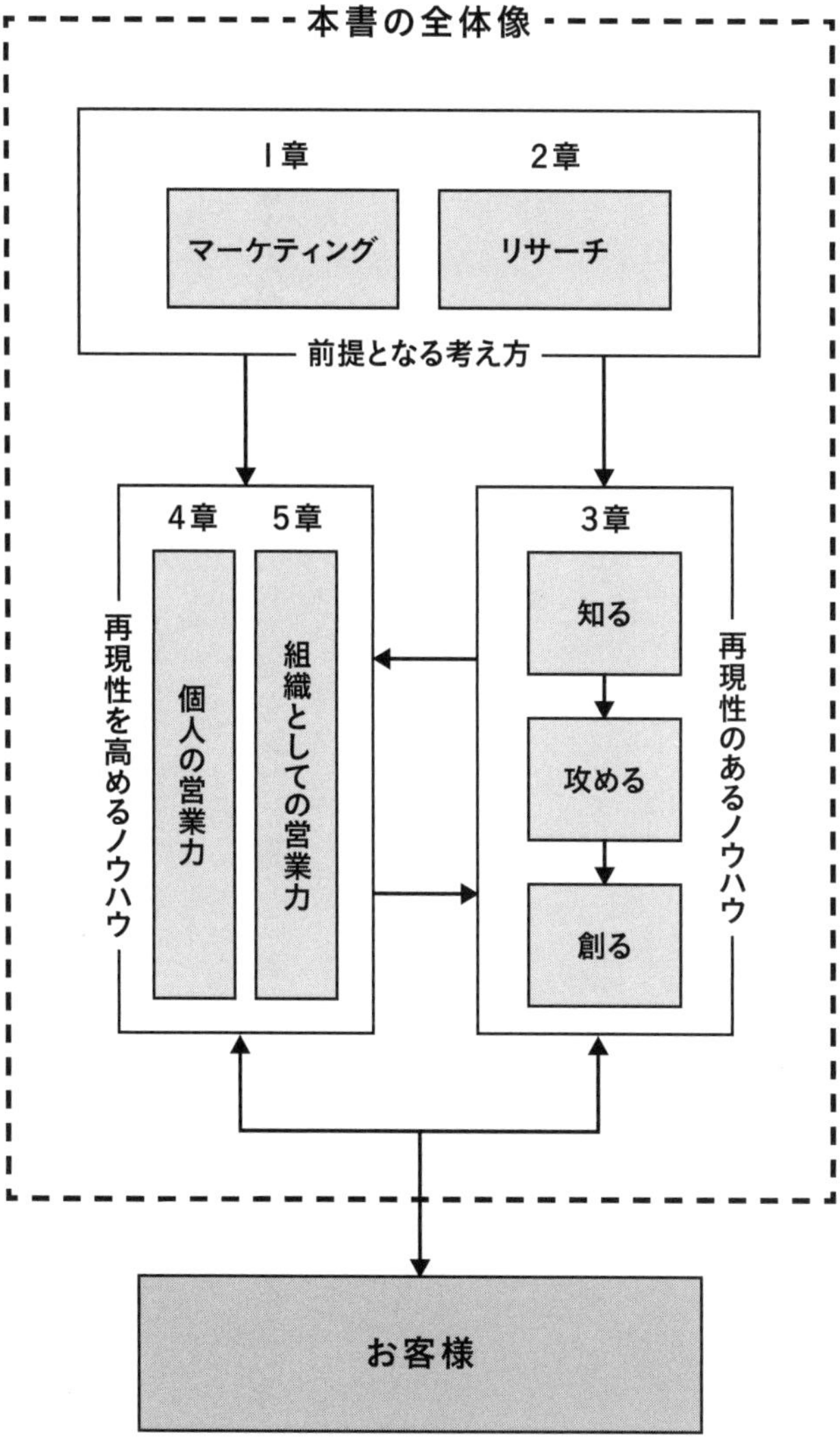
本書の全体像
1章
マーケティング
2章
リサーチ
前提となる考え方
4章
5章
個人の営業力
組織としての営業力
再現性を高めるノウハウ
3章
知る
攻める
創る
再現性のあるノウハウ
お客様

まず、前提となる「マーケティング」と「リサーチ」についてみなさんと認識をそろえ、営業にとって必要な考え方を抽出していきます。

そのうえで、私が提唱している「知る」→「攻める」→「創る」の循環型営業サイクルと、組織・個人それぞれの「営業力」を磨くために必要な考え方について述べていきます。

目的は、**みなさんが1人でも多くのお客様を幸せに導くことができるようになる**ことです。

それではまず、ベースとなる考え方から話を進めていきましょう。

「営業」とは再現性のある科学　目次

プロローグ

第1章

お客様に選ばれ続けるために欠かせない「マーケティング」の考え方

第2章

幸せにしたい人（＝お客様）について深く理解するための「リサーチ」

第3章

成果に再現性をもたらす「循環型営業サイクル」

第4章

個人の営業力は「顧客接点の場数×成功・失敗体験」で磨かれる

第5章

組織の営業力は「リーダーの力量」以上に成長しない

ブックデザイン　山之口正和＋沢田幸平（OKIKATA）
DTP　藤原政則

第1章

お客様に選ばれ続けるために欠かせない「マーケティング」の考え方

「成果の再現性」に必要なのは、テクニックではない

巷には、「こうやれば売れる！」とうたうような営業のテクニックについての本やセミナーが多数存在します。

私も、過去に一緒に働いてきたメンバーたちから「どんな本を読んだらいいのか？」「何をやれば成果が出るのか？」という質問をたくさん受けてきました。

とくに成果が出ずに苦しんだり、成果を出そうと焦ったりしている若手ほど、本に書いてあるようなフレームワークや会話法などのテクニックに〝正解〟を求める傾向がありました。

冷静に考えれば、「これをやればうまくいく」などという絶対の正解がないことはわかるはず。けれども、「成果を出したい」と思うあまり、テクニックに正解を求めたくなる気持ちも

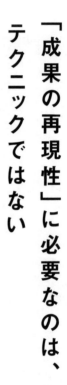

非常に理解できます。

もちろん、本やセミナーで語られているテクニックに意味がないとは言いません。しかし、**営業の成果に再現性をもたらすのは、「テクニック」ではありません。**

なぜなら、**営業は、ギャンブルのような一発勝負の世界ではなく、中長期に渡って〝成果を出し続けること〟が求められる**からです。

成果を出し続けるために「これをやればうまくいく」という絶対の正解がないことには、次の3つの理由があります。

理由1　商談は生き物だから

私はよく、「商談は生き物」とメンバーや後輩たちに話しています。

当たり前ですが、**「営業活動の相手（＝お客様）は、〝人〟」**です。相手が人である以上、同じ1つの事実があったとしても、その事実をどのように認識し、行動するかは、お客様の性格や価値観、置かれている環境や状況などが大きく影響を与えます。

さらには、その日の出来事や天気・気温、季節によっても、人の気分は変わります。気分が変われば、同じものを見たり聞いたりしても、違う判断になることもあるのです。

また、営業の言葉の選び方や伝える順番によって、商談の流れは大きく変わります。事前にシミュレーションを入念にやっていたとしても、流れや状況によってまったく通用しないことも往々にして起こります。当日の商談の雰囲気、お客様の顔色や声のトーンなどを観察しながら、反応していくことが求められます。


つまり、お客様が非常に多くの変数を抱えた〝人〟である以上、無数にあるパターンすべてに対応できるテクニックや、すべてに共通する正解などないのです。

理由2 誰かにとっての正解が自分にとっての正解であるとは限らないから

2つ目の理由は、営業である**「あなた自身も〝人〟」**だということです。

あなた自身にも価値観や性格などの個性、強み・弱みなどの特性があります。また、スキルのレベルも人によって異なるので、誰かにとっては当たり前にできることでも、ほかの誰かにとっては難しいこともあります。

つまり、誰かが「これをやればうまくいく」と言っているやり方は、〝その人にとって〟の正解であって、必ずしもあなたにとっての正解とは限らないのです。

それが具体的なトークスクリプトであったとしても、タイミングや声のトーン、スピードなどによって伝わり方が異なるので、１００％同じ結果にはなりません。

営業には、あなたにとっての正解や、あなた自身に合ったやり方が存在します。だからこそ、誰かのやり方をそのまま真似をしてもうまくいきません。

ただし、上司や先輩から具体的な指示を受けた場合や、会社としてやるべきことが決まっている場合は、まずはその通りにやってみることからはじめましょう。

そうしたあとで、「うまくいった／いかなかった」の振り返りをしながら、自分にとっての正解を１つずつ増やしていけばいいのです。

理由３　人によって言うことが違うから

３つ目の理由は、**「周りにいる上司や先輩も〝人〟」**だということです。

あなたに個性や特性があるように、周囲にいる人たちにもそれぞれ個性や特性があります。

そして、その人なりの成功体験や失敗体験を経て、いまの考えが形成されているので、同じシチュエーションにおける〝うまくいったこと／うまくいかなかったこと〟を聞いたとしても、人によって言うことが異なります。

「Aさんには○○をやるといいと言われたけど、Bさんには□□と言われた」「Aさんがやっていることを、Bさんはやらないほうがいいと言っている」ということはよくある話です。

いろいろな人に正解を聞いた結果、迷える子羊状態になっている若手をよく見かけます。

プロ野球の世界で、いろいろな人のアドバイスを聞きすぎて自分のフォームを見失い、極度の成績不振に陥っている選手がいるのと同じです。

それは自分の特性を理解しないまま、いろいろな人のテクニックを取り入れた結果、中途半端に身についてしまったのかもしれません。

やはり、自分の特性を理解し、自分に合うやり方を身につけていくことが大事です。

つまり、「成果に再現性をもたらすために必要なのは、テクニックではない」のは、お客様も、上司や先輩も、あなた自身も、**「全員が〝人〟」**ということがその理由です。

営業活動が「人が介在した人とのコミュニケーション」である以上、変数は非常に多く、バラツキも大きいので、個別性は非常に高くなるのです。

クビ宣告が「営業」という仕事に対する考え方を大きく変えた

かくいう私も、かつては成果を出すために、ひたすら「正解」や「テクニック」ばかりを求めていた営業の1人です。

とくに、社会人になったばかりの頃は、**「テクニックを身につければ〝売れる〟」**と本気で考えていました。

新卒でリクルートに入社し、「誰にも負けない成果を出す！」という意気込み自体は良かったのですが、「〝何をすれば〟売れるのか？」だけを必死で考えて、空回りばかり。

何をやっても思うような成果が出ないなかで、周りの同期が結果を出している状況を見て、焦りだけが増していました。

そのような状況においても、周りのアドバイスをまともに聞き入れず、自分が正しいと思うこと、先輩がやっていることを手あたりしだいに試し続けていたのです。

その結果は散々でした。経験に見合わないことを言ってお客様にお叱りを受けたり、「営業担当を変えてほしい」と言われたりと、お客様はもちろん、上司や先輩にたくさんご迷惑をおかけしました。


いま振り返ってみると、うまくいかなかった要因は明確です。

そのときの私は、「〝何をすれば〟成果が出るのか?」という〝行動(What)〟ばかりに目がいっていたのです。

世界的な組織コンサルタントのサイモン・シネック氏は、著書『WHYから始めよ!』(日本経済新聞出版)の中で、「Why→How→Whatの順番で考えよ」と述べています。

つまり、目的(Why)を実現するための手法(How)を具体化したものが、〝行動(What)〟であり、**「Why(目的)から考えることが肝要」**ということです。


そんな大切なことを知らない当時の私は、入社から2年間、売上目標を一度も達成できず、社会人3年目を迎えるときに、2回目の部署異動を言い渡されます。

ここで試練が訪れます。異動した直後、私が受け取った半期査定の評価が、当時存在すら知らなかった「C」評価だったのです。

リクルートの半期査定のフィードバックは、半期での業績やMissionの達成度をもとに、「S、A+、A、A−、B」という評価がつき、どんなに悪くても「B」という認識でした。そして、このときはじめて目にした「C」評価はクビ宣告に近いと、あとで聞かされました。

さらに追い討ちをかけるように、当時の部長からは、

「来年の今頃、考え方が変わっていなければ、戦力として考えられない」

マネジャーからは、

「もう営業しなくていい。とりあえず、お客さんのところにだけは行ってきなさい」

という厳しい言葉を立て続けに受けます。

上司から非常に厳しい評価を受けてしまい、なんとしても成果を出したい私は「とにかく、困っていることを聞いて提案できることを考えよう」とお客様のところに訪問します。

が、私が担当したのは当時リクルートとの関係があまり良くなかった大手企業ということも弱り目に祟り目となり、「何か困っていることはありますか？」と聞いても、「ない。何かあったら連絡する」と5分程度で商談が終わる日々がしばらく続きました。

途方に暮れていたある日、先輩から**「お客様のところに1時間いることを目標にしてみたら？」**というアドバイスをいただきました。

そこからは、「どうすればお客様のところに1時間いられるのか？」「お客様と何を話せばいいのか？」と自問自答の繰り返しです。

試行錯誤のなかで、「自社しか持っていない情報を提供すれば良いのでは？」という仮説から、リクルートだけが持っているデータを持って行くと、多少は盛り上がるものの「ありがとう」で終わってしまいます。

しかしあるとき、持参したデータに自分の仮説を乗せて伝えると、お客様から出てきたのは、「そうなんだよ！　じつはさ……」というひと言でした。このひと言をきっかけに、お客様のいろいろな悩みをうかがうことができるようになったのです。

この体験は、自分にとって大きなターニングポイントでした。

営業が自分のほしい情報を取りに行くだけだと、お客様には話すメリットがありません。また、お客様にとって有用な情報を渡すだけだと、それが得られるだけで満足して話が終わってしまっていました。

しかし、自分の「考え」をぶつけたときに返ってきたのは、お客様の「考え」だったのです。

つまり、**自分が主体となってお客様に考えをぶつけることで、お客様とのやりとりが、ヒア**

リング・情報提供という一方向のコミュニケーションから、「会話」という双方向のコミュニケーションへと変化したのです。

そうやって、お客様との「会話」を繰り返していくうちに、気づけばお客様のところに1時間いられるようになっていました。

そして、お客様との会話で出てきた「困っていること」や「会社に対して感じていること」など、お客様の考え方を知ることで「なんとかこの課題を解決できないか？」という思考が生まれるようになっていきます。

いままでは「自社の商品・サービスを〝売る〟」ために、〝何を伝えれば良いのか〟ということにばかり目がいっていたのが、**「お客様の〝課題を解決する〟ために「できることは何か？」という自分の役割を考える**ようになっていったのです。

結果として、お客様である会社の社長と課題について議論できるまでに関係が深化し、2年で取引が4倍になるなど、歴代の営業が残してきた実績を大きく塗り替えることができました。

クビ宣告を受けたことをきっかけに、「自分の役割」を問い直して気づいたのは、**営業の仕事とは、「お客様の課題解決のために、自社の商品・サービスが役に立つ方法を考え抜くこと」**であり、売上はその〝結果〟でしかない、ということです。

マーケティングとの出会いが「成果を出すため」の考え方を大きく変えた

リクルートでほぼクビ宣告を受け、どん底から這い上がった私は、その後、順調に成果を出すことができるようになり、目標として掲げていたリクルート全社で最難関の表彰「TOPGUN AWARD」をいただくまでになりました。

その後、新たなチャレンジの場を求めて、マクロミルに転職します。

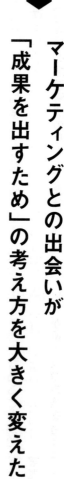

そこで出会い、深く関わることによって、考え方だけではなく生き方すらも大きく変えたのが**「マーケティング」**です。

マクロミルに入るまで、「マーケティング」について深く理解しようとしたことはありませんでした。どちらかと言えば、「マーケティング」という言葉にはどこかカッコつけたイメージがあって、積極的には近寄らないようにしていたぐらいです。

しかし、マクロミルというマーケティング・リサーチ会社で、業界を超えてさまざまな企業の商品やサービスの開発に携わり、マーケティングの考え方に触れていくうちに、その世界にすっかりハマっていきました。


日用消費財メーカーは、商品カテゴリ（＝アルコール飲料、清涼飲料水などの商品分類）の細分化や商品数の増加、消費者の価値観や購買行動の変化などの外部環境の変化によって、戦い方が大きく変わってきています。

そのため、いままでの戦い方では勝てなくなってきた会社を中心に、マーケティングに基づく勝ち方を知っている方々を招聘することで組織を変革し、成果を出し続けることを模索している事例が増えています。

とくに、「P&Gマフィア」と呼ばれるP&G出身マーケターの活躍は顕著です。アサヒビール、江崎グリコ、日本マクドナルドなどをはじめ有名企業の要職に元P&Gの方が就任された実績や、森岡毅さん（株式会社刀 代表取締役CEO）、西口一希さん（ストラテジーパートナーズ代表取締役）、足立光さん（ファミリーマート・チーフ・マーケティング・オフィサー：CMO）、音部大輔さん（クー・マーケティング・カンパニー代表取締役）などをはじめ、プロマーケターとしてさまざまな企業に入り込んで組織変革を続けている方も多数いらっしゃいます。

私がマクロミル社内で受けていた研修の講師も、P&G出身のマーケターの方でした。

彼らにとっての「マーケティング」は、〝成果を出し続けるための強力な武器〟であり、彼らの中で、「成果に再現性をもたらす法則」として確立されています。

つまり、**マーケティングは、科学的で再現性のある考え方**なのです。


日用消費財メーカーが取り扱っている商品は、低単価でありながら、1人ひとりの購買機会の積み上げによって、年間数千億円という大きな売上を生み出しています。

その大きな売上を実現するには、お客様がそのカテゴリを選ぶときはもちろん、お客様自身がそのカテゴリに目が向いていないときでも、あまたある競合カテゴリ・競合商品の中で、自社の商品を選び続けていただく必要があります。

そのために、マーケティングを活用し、大変な苦労とたくさんの試行錯誤を繰り返しながら、商品開発や消費者とのコミュニケーションに向き合っています。

みなさんが何気なく見ているTVCMや、じっくり見ることの少ない商品パッケージにも、さまざまなマーケティングによる狙いが散りばめられているのです。

マクロミルも日用消費財メーカーと同様で、売上をつくるためには1つひとつの調査案件を積み上げるしかありません。

ただし、マクロミルで扱っている「調査」という商材には、いつニーズが発生するのかが不明確で、お客様自身が「いま調査が必要」と思わない限り、調査案件が発生しないという特徴があります。

たとえば3カ月で数億円の売上をつくるためには、平均単価が１００万円前後の単発の案件を1件ずつ地道に集めるだけでは限界があります。

売上をつくり続けるには、お客様の頭の中で「すぐに思い出せる状態」を実現し、「調査をしよう」と思ったときに確実にご発注をいただけるようになることに加えて、調査がないときでも相談していただける存在になり、お客様自身が気づいていない調査案件を生み出せるようになることが求められるのです。

マクロミルにおいて、その役割を担うのは営業です。

じつはこの構造は、どの業界でも同じです。住宅・不動産も、車も、旅行も、飲食店も、お客様の購買行動をとらえ、購買機会をつくり出し、そのうえで自分たちを選んでいただく必然性を演出する。そのために重要になるのが、マーケティングの考え方なのです。

マーケティングとは「お客様に選ばれ続ける状態をつくること」

「『マーケティングってなんですか？』と聞かれたら、どう答えますか？」

私は、企業や大学で講演をさせていただくときには必ず、この質問からはじめます。

「マーケティング」は、人によって定義が異なりやすいワードです。

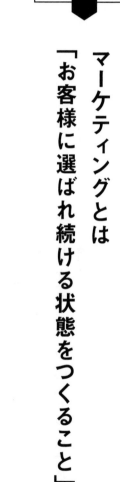

最近では、デジタルマーケティングやSNSマーケティングなどの、〇〇マーケティングという言葉によって、マーケティングを「集客手法」や「集客業務」としてとらえている方も多いと思います。

また、日本とアメリカのマーケティング協会でも定義が異なるなど、専門家によっても定義

マーケティングの概念図

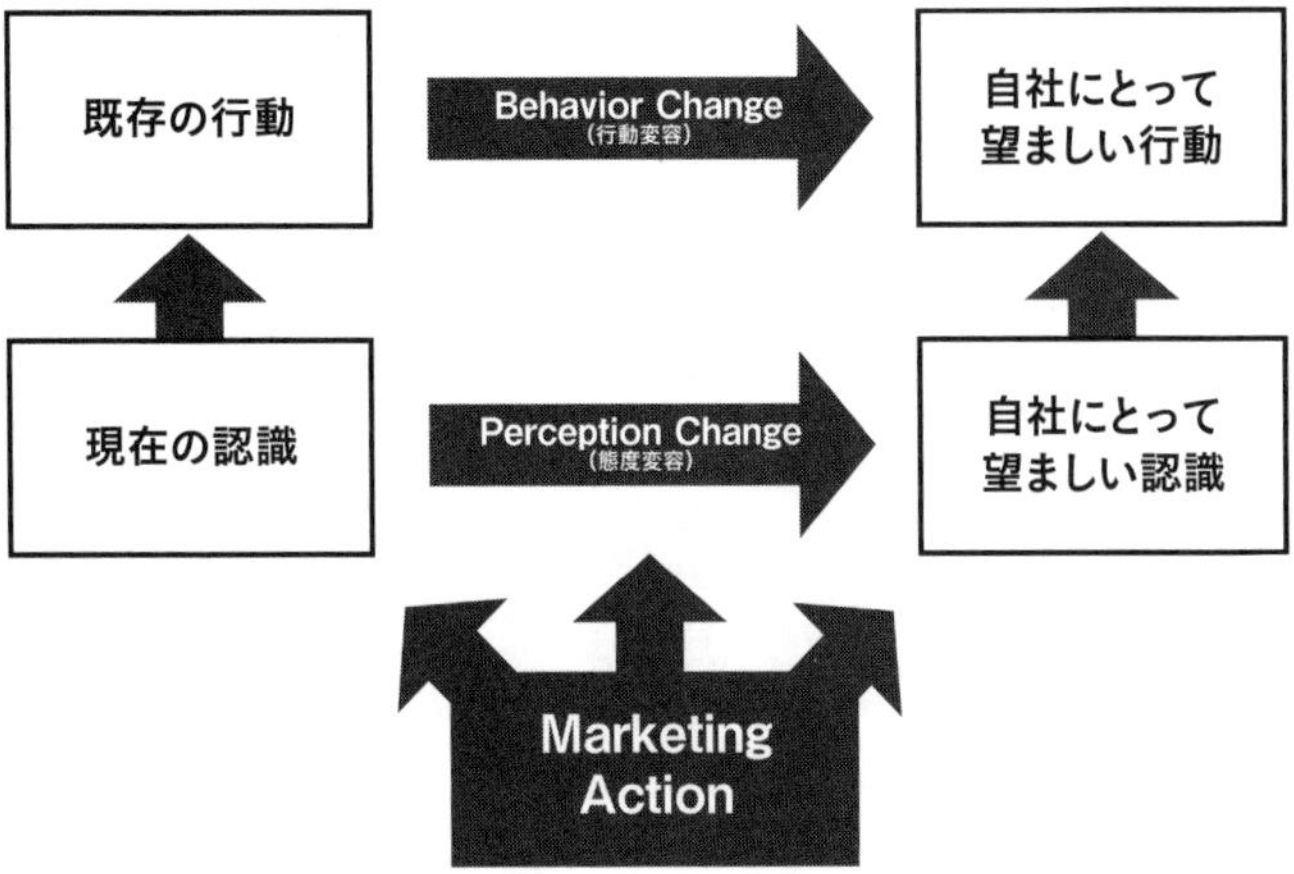

がさまざまですが、共通しているのは、モノが売れるようになるための〝プロセス〟や〝総合的な活動〟という要素です。

私は、日々の業務や研修・書籍を通してマーケティングの概念を学び、さまざまな業界・企業のマーケティング活動に携わるなかで、マーケティングを上の図のように表現できるという結論に至りました。

すべての企業活動は、お客様に**「あなたの会社の商品・サービスが選ばれる（選ばれ続ける）」**ことを目的にしています。

しかし、お客様のニーズは、すでに何らかの選択肢で満たされているケースがほとんどです。

つまり、あなたの会社が選ばれるためには、ニーズが発生したときに、ほかの会社の商品・サービスを選ぶという「既存の行動」から、あなたの会社の商品・サービスを選ぶという**「自社にとって望ましい行動」**へと変化させなければなりません。

そのとき、マーケティングの活動が担うのは、**〝行動〟を変えること**（行動変容）**ではなく、お客様の〝認識〟を変えること**（態度変容）です。

イギリスのことわざに、**「馬を水辺に連れて行くことはできても、水を飲ませることはできない」**とあるように、行動を起こすか起こさないかは、当事者に委ねられます。

そのため、このことわざの言葉を借りるならば、営業ができることは、お客様を水辺（＝商品・サービスを購入する判断のタイミング）に連れて行ったうえで、「水を飲んだほうが良い（＝お客様が商品・サービスを購入したほうが良い）」という認識を与えることだけなのです。

つまり、**マーケティングの考えにもとづく営業とは、お客様の現在の認識を、あなたの会社にとって望ましい認識へと変化させる**（＝態度変容）**ためのアクションを起こすことなのです。**

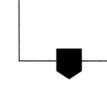

「あなたの会社が必然的に選ばれ続ける状態」になるために

営業が追い求めるべき成果は、どこまでいっても〝売上〟です。

「会社の売上をつくり、会社を成長させ続けること」が、営業が担う重要な役割です。しかし、売上はあくまでも〝結果〟です。お客様があなたの会社を選んでくださり、お客様に価値を提供できたからこそ、売上が発生するのです。

「売上＝自社の提供価値によってお客様の課題が解決されたことへの対価」ですので、お客様があなたの会社の商品・サービスを選ぶときには、必ず**「解決したい課題」**が存在します。

しかし、お客様に「課題」が発生したときに、頭の中に浮かぶ商品・サービスはあなたの会社だけとは限りません。

私がたとえとしてよく使うのが、「ディズニーランドの競合はどこか?」という話です。「テーマパーク」というくくり（＝カテゴリ）であれば、ディズニーランドはＵＳＪやハウステンボスが競合になるかもしれません。

「家族でゆっくり過ごす場所」というくくりであれば、ふなばしアンデルセン公園や葛西臨海公園などの大型公園が競合になるかもしれません。

さらには、「家族でお出かけする場所」というくくりであれば、イオンモールやららぽーとなどの大型商業施設もディズニーランドの競合になり得るのです。

このように、お客様にはたくさんの選択肢があります。

営業が目指すべきは、そのような競合がひしめき合う環境の中で、「あなたの会社が解決できる課題」が発生したときに、お客様に選ばれる状態をつくることです。

では、そのために営業に必要なアクションを少し分解して考えてみましょう。

売上を数式で表すと、一般的には次のようになります。

売上＝購入顧客数⑴×１人あたりの購入数量⑵×単価⑶

(1) 購入顧客数＝新規購入顧客(a)＋継続購入顧客(b)
(2) 1人あたりの購入数量＝1回あたりの購入数量(c)×購入頻度(d)
(3) 単価(e)＝基本商品価格＋追加費用

つまり、売上アップのためには、「(a)新しいお客様を増やす」「(b)そのお客様を維持する」「(c)一度に買っていただく量を増やす」「(d)買っていただく頻度を上げる」「(e)単価を上げる」が可能なアクションです。

もう少しシンプルな計算式で考えてみましょう。お客様の課題を解決するために、あなたの会社の商品・サービスが存在し、多数の選択肢の中から自社を選んでいただく。その定義に照らし合わせると、次のように表すことができます。

「売上＝自社が解決できる課題の総量×自社が選ばれる確率×課題解決にかかる費用」

ポイントは、〝あなたの会社が解決できる課題の総量〟の中には、あなたが察知していない課題や、お客様自身が察知していない課題も含まれるということです。

つまり、売上を最大化するために営業に必要なアクションは、**「あなたの会社が解決できる**

課題をできるだけ多く集める・つくり出す」こと、**「あなたの会社が選ばれる確率を高める」**ことです。そのために、次の4つが営業のやるべきことです。

1. お客様との接点を通して現状を理解する
2. その現状と理想のギャップから問題を抽出する
3. 解決すべき課題を設定する
4. 設定した課題と自社の商品・サービスを紐付け、選んでいただく

はじめのうちは、あなたから働きかけないとお客様の課題が顕在化しなかったり、顕在化したとしても働きかけがなければ選んでいただけなかったりします。

ですが、お客様とのコミュニケーション（=営業活動）を通して、お客様の認識を理想の状態へと変化させること（=態度変容）ができれば、課題が発生したときにお客様が勝手にあなたの会社を選んでくれます（=行動変容）。

営業が最終的に目指すべきは、（営業が何もしなくても）**お客様があなたの会社を選ぶことが当たり前になっている状態（=必然的に選ばれる状態）**なのです。

営業とは「Sales」ではなく「Marketing」

「営業」という言葉を英語にするとき、多くの場合「Sales」という単語を用います。しかし、「Sales」という単語の意味を調べると（『ロングマン現代英英辞典』）、次のように出てきます。

「Sales = the part of a company that deals with 〝selling〟 products（商品をsellingすることを担う会社の一部）」（〝〟は著者が付加）

さらに「Selling」を調べると、「the job and skill of persuading people to buy things（人々に商品を買うように説得する仕事でありスキル）」とのこと。

つまり、「Sales」という言葉の意味は「人々に〝商品を買うように説得する〟ことを担う会社の一部」ということになります。

しかし、**「あなたの会社の商品・サービスを〝買う〟」と最終的に意思決定するのはお客様です。**

先述した「馬を水辺に連れて行くことはできても、水を飲ませることはできない」ということわざのように、営業の仕事は「お客様を意思決定に至る認識まで導くこと」です。

つまり、**「営業＝Sales」でも、「営業の仕事＝Selling」でもないのです。**

P・F・ドラッカー氏は著書『Management（邦題：マネジメント）』で、マーケティングの目的について**「the aim of marketing is to make selling superfluous」**と述べています（superfluousは「余計な」の意）。

この一文を読んだ方に、「マーケティングの目的は、営業を不要にすることでしょ？」と聞かれることがあります。

しかし、同氏が言いたいのは、マーケティングの目的は**〝Selling（＝売り込み）を不要にすること〟**であり、こちらから売り込まなくても、**お客様があなたの会社を必然的に選んでいる状態にすること**なのです。これが、営業が目指すべきゴールです。

お客様に「あなたの会社を選んでいただく」ために、「ほかの選択肢を選んでいる（選ぼうとしている）背景」を紐解き、あなたの会社を選択することを促すためのコミュニケーションをとることが営業の仕事です。

たとえば、「駅近の物件を購入したいと考えているお客様に、駅から少し離れた物件を提案したい」場合、「駅の近くが良い」というお客様の希望の背景（理想の暮らし）を探り、「（理想の暮らしを実現するためには）駅近という利便性よりも、周辺環境を大事にしたほうが良い」ということを認識していただくことが必要です。

また、「早く安く提供してくれる部品メーカーを探しているお客様に、納期まで時間がかかり、ほかよりも高い部品を提供したい」場合は、「納期と価格が大事」と考えている背景（部品購入によって実現したいこと）を探り、「（実現したいことのためには）納品までに時間がかかっても、質の良いものを使ったほうがいい」という認識へと変化を促すことが必要です。

商品の特徴をただ伝えるのではなく、お客様が商品を購入する目的を確認し、「目的達成に向けて大事にすべきポイント」や「それが重要である理由」を、お客様に合わせて伝えるのです。

そして、お客様の認識が変わったことが確認できてはじめて、自社の商品の特徴がその条件にマッチしていることや、自社の商品・サービスを選ぶべきであることを伝えます。

このプロセスは、「自社が選ばれやすい環境をつくり、自社との結びつきを強くすることで、お客様に自社を選んでいただく」というマーケティングそのものです。

つまるところ、**営業とはマーケティング**なのです。

「Everything is Marketing」は世界の見方を大きく変えるキーワード

マーケティングをより身近に感じていただくためにも、私が営業の仕事をするなかで大きな影響を受けた**「Everything is Marketing」**という言葉を紹介します。

この言葉のポイントは「**世の中のすべてがマーケティングの概念で説明できる**」のであって、「マーケティングが世の中のすべて（Marketing is Everything）ではない」ということです。

私はこの言葉に出会ってから、世界の見え方が大きく変わりました。お客様やメンバーとの会話はもちろん、日々の生活においても、マーケティングの考え方で説明ができるようになり、コミュニケーションコストが大幅に下がったのです。

マーケティングの概念図

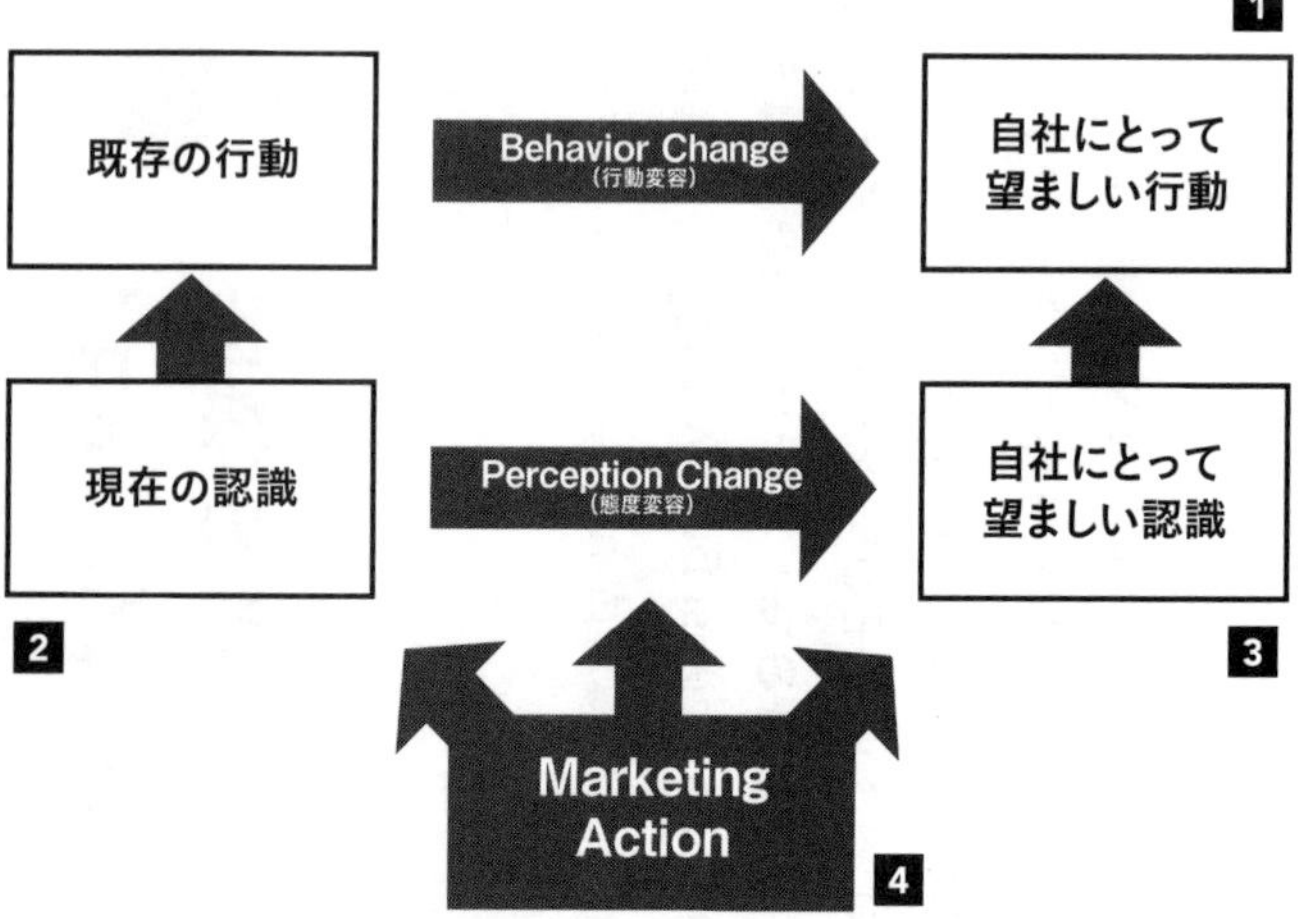

あらためて上の図を見てください。シンプルに考えるとマーケティングを通して、やるべきことは4つです。

1 相手にどういう行動を取ってほしいかを決める
2 現在、持っている認識を確認する
3 どんな認識になったら良いかを考える
4 そのために、何を伝えるべきかを考え、実行する

ただし、すぐに態度変容は起こらないので、このプロセスをひたすら繰り返します。

「コミュニケーションによって、自分にとって望ましい行動を起こすプロセス」というマーケティングの概念が、世の中すべてに当てはまる

のです。

たとえば、子どもが親に新しいゲームソフトを買ってほしいというシーンで考えてみます。

1 自分にとって望ましい行動：親が新しいゲームソフトを買う
2 親が現在持っている認識：勉強しなくなるからゲームソフトを買いたくない
3 どんな認識になったら良いか：勉強をがんばるなら、買ってもいいかもしれない
4 そのために何を伝えるか：「テストで１００点を取ったら買う」と親と約束をする

子どもが勉強をがんばった結果、テストで１００点を取れれば、親の「新しいゲームソフトを買う」ということに対する認識を変えることができるわけです。

子どものゲームソフトを例に挙げましたが、これは「好きな相手に振り向いてほしい」でも、「誰かと中華料理を食べに行きたい」でも、相手に自分にとって望ましい行動をとってもらいたいすべてのシーンに当てはまります。これが「Everything is Marketing」という考え方です。

営業の役割は、マーケティング・プロセスを回し続けること

「営業は、人によって成果の多寡が決まる属人的な仕事だ」とよく言われます。

それは、営業が成果を出すためにやっていることや大事にしていることが、企業や個人によってさまざまであり、「体系化された理論として存在しているものがない」ことが理由だと考えられます。

しかし、本当に営業は属人的な仕事なのでしょうか？

もちろん、超一流の営業パーソンは非常に属人的で、言語化が難しい要素が存在することは否定しませんが、私は**一定のレベルまでは誰でも到達できる**と考えています。

なぜなら、「営業＝マーケティング」だからです。

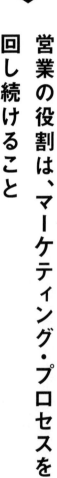

マーケティングは、体系化された理論であり、プロのマーケターは、その理論を「成果を出し続けるための自分なりの型」として活用しています。

つまり、「営業＝マーケティング」の構図が成り立つのであれば、「マーケティングの考え方」をうまく活用することで、営業が成果を出し続けることが可能になるはずです。

マーケティング・プロセスは環境分析～上市《じょうし》後《ご》検証の５つで構成されています。それぞれを営業がやるべきことに照らし合わせると次のようになります。

1 環境分析：売上を最大化するために動かすべき変数と、起こしたい行動を決める
2 マーケティング戦略：市場を細かく分類し、誰の、どんな存在になるかを決める
3 コンセプト開発：お客様に提供したい価値を定義する
4 ４Ｐ開発：提供したい価値がお客様に最も魅力的に伝わる方法を考える
5 上市後検証：提供したかった価値が伝わっているかを確認する

重要なのは、各プロセスを行き来しながら、お客様とのコミュニケーションを通じて、**営業活動の指針と施策を定め、施策の実践とチューニングを繰り返す**ことです。その繰り返しに

よって、お客様に必然的に選ばれ続ける状態をつくるのです。

既存の商品・サービスであっても、「環境分析〜コンセプト開発」のプロセスをあらためて練り直すことで、営業施策の精度は上がるはずです。

ただし、コンセプトまでが十分に練られており、成果が順調に出続けている場合は、一から練り直す必要はありません。必要なのは、コンセプトの伝え方をブラッシュアップする（4P開発）、商品・サービスの提供価値がお客様の期待値に届いているかを確認する（上市後検証）ことをひたすら繰り返すことです。


もちろん、お客様に必然的に選ばれ続ける状態は、一朝一夕には実現できません。だからこそ、営業が担うべき役割は、常に情報をキャッチアップし、マーケティング・プロセスを回し続けることなのです。ときには、商品・サービスの開発部門にお客様の情報を伝え、商品・サービスの提供価値を磨いていく。これが、「営業＝マーケティング」の全体像です。

次のページから、営業にとっての各マーケティング・プロセスのポイントを解説していきます。各プロセスのポイントを理解し、日々の業務のなかでうまく活用していくことが、営業の成果の再現性につながります。

「お客様のどんな行動を起こすか」を明確にすることが営業の出発点 ～環境分析～

「環境分析」は、次の３つの順番で進めていきます。

1. 自社が戦う市場を定義する
2. その市場における競合企業を確認する
3. あなたの会社がどの要素で勝つのか（競合に対しての優位性）を決める

これは、いわゆる「３Ｃ分析」と呼ばれるアプローチです。

そして、それぞれの要素について、営業はお客様とのコミュニケーションを通して理解を深めていきます。

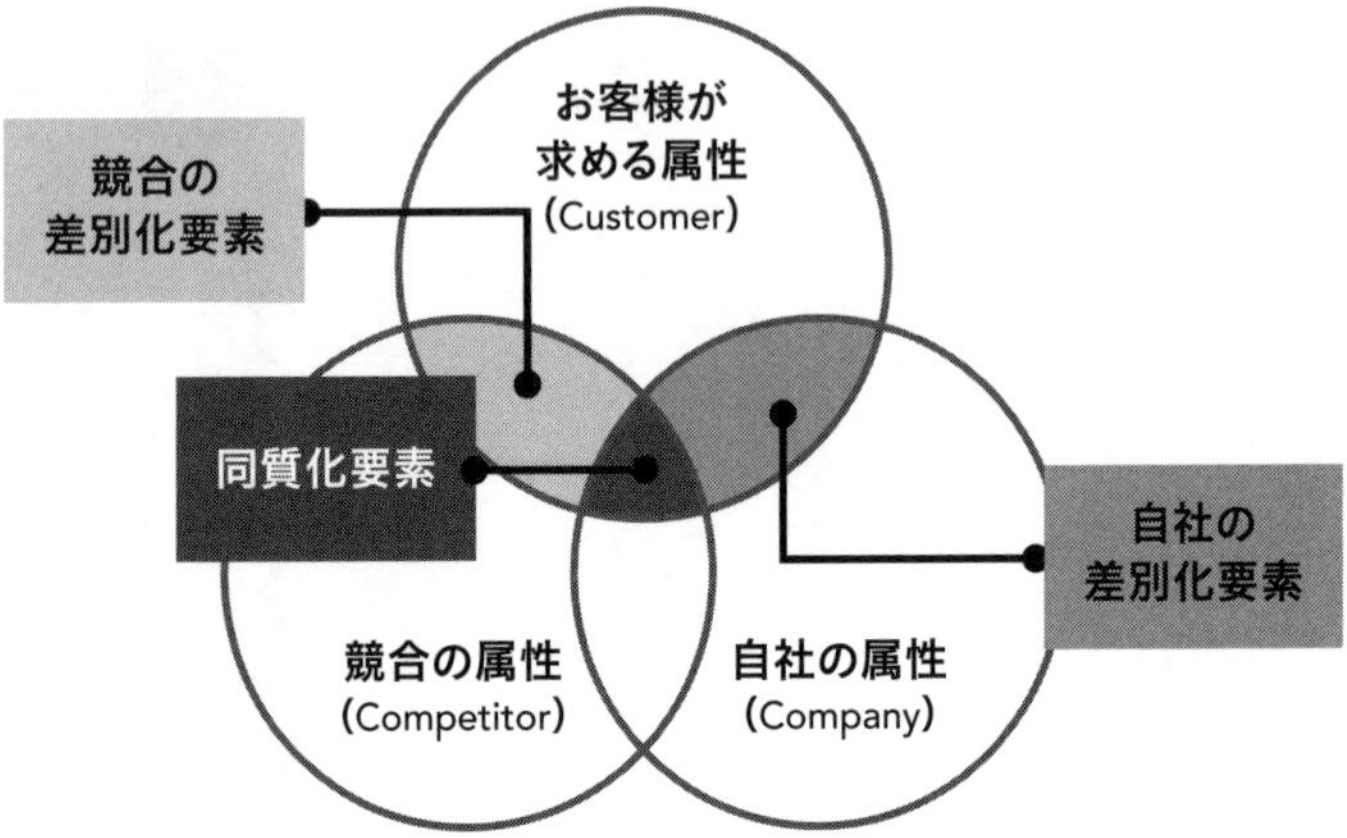

営業が確認すべきことの例としては、次のようなものが挙げられます。

- 市場規模（お客様の数、売上規模）
- お客様が重視しているポイント（お客様が求める属性）
- 競合情報（競合企業の数、競合が持っている属性）
- 自社が同質化できている（すべき）属性、差別化できている属性

イメージとしては、上のベン図のようなかたちで頭の中が整理できていればOKです。

市場の外郭がつかめたら、売上を構成する変数を分解し、**どの変数を伸ばすことが最も**

売上にインパクトを与えるのかを確認します。

営業の時間的・人的リソースは限られているので、明確な目的に沿って正しく活用し、効果的かつ効率的に、打ち手を実行しなければならないからです。

先述した売上の数式をもとに、具体的に考えてみましょう。

売上＝購入顧客数⑴×１人あたりの購入数量⑵×単価⑶

⑴　購入顧客数＝新規購入顧客ⓐ＋継続購入顧客ⓑ
⑵　１人あたりの購入数量＝１回あたりの購入数量ⓒ×購入頻度ⓓ
⑶　単価ⓔ＝基本商品価格＋追加費用

ⓐ〜ⓔの変数に応じたお客様の行動をセットするならば、「ⓐ新しくあなたの会社の商品を使う」「ⓑ継続的に買う」「ⓒ1回に2つ以上買う」「ⓓ週1回に頻度を上げる」「ⓔ単価の高いオプション商品を買う」というようなものになります。

継続購買の起こりづらい商品であれば、新規顧客を増やす。新規顧客が安定的に入ってくるのであれば、より単価の高い商品を買ってもらう。

つまり、**営業が最初にやるべきことは、あなたの会社が戦っている市場の特性を理解したうえで、売上の構造を整理し、どの変数を動かす**（＝お客様のどんな行動を起こす）**と売上に最もインパクトがあるのかを見極めること**です。

そのうえで、変数に影響を与える行動を起こすために、誰のどのような認識を変える（＝態度変容）のかを決めていきます。

幸せにしたい人の頭の中で、唯一無二の存在になる ～マーケティング戦略①～

マーケティング戦略は、「ＳＴＰ（Segmentation、Targeting、Positioning）の策定」と呼ばれるプロセスで進めます。

通常、ＳＴＰの説明をするときには、「**セグメンテーション：Segmentation**（市場を細分化し、共感するポイントが似ている人たちをくくり、どこから狙うかを決める）」→「**ターゲティング：Targeting**（ターゲットを明確にし、幸せにしたい人がどんな人なのかを見極める）」→「**ポジショニング：Positioning**（自社が目指すべきポジションを決める）」の順に語られることが多いのですが、本書ではあえて反対から説明をしていきます。なぜなら、このプロセスは、「すべてポジショニングのためにある」からです。

では、営業における「**ポジショニング**」について説明します。

私が営業として常に目指しているのは、**「お客様の課題が顕在化する前の、できるだけ早いタイミングで、ご相談をいただける存在になること」**です。

私は、リクルートでは「新規販売物件を仕入れたタイミング（＝広告計画を考えはじめる前）」で、マクロミルでは「開発計画が決まったタイミング（＝調査を含めた予算計画策定前）」でご相談をいただけるようになることを目指し、日々お客様とコミュニケーションをとっていました。

課題が顕在化し、解決策を選定する段階でお客様からご連絡をいただいても、発注要件や次の動きが固まっていたり、リードタイムが短かったりするので、こちらからの提案の自由度が失われてしまう可能性があるからです。

しかも、設定した課題が間違っていたとしても、不可逆性が高く、あと戻りができないケースも多いので、自社が最も力を発揮できるポイントで勝負できないということが起こりやすくなってしまいます。

一方、課題が顕在化する前にご相談をいただくことができれば、「お客様が何を実現したいのか？」「何が問題なのか？」「どのような課題を設定すべきか？」「そのときに何が必要か？」「自社がお手伝いできることは何か？」など、**お客様が目指すゴールに到達するために一番良い方法を一緒に考える**ことができるのです。

営業は、あなたの会社の商品・サービスが、お客様のどんな課題を解決できるのかを最も理解しています。

しかし、お客様は「自らの顕在化している課題をあなたの会社が解決できること」や「自分自身が気づいていない課題をあなたの会社が解決できること」を知らないこともあります。

そのため、営業活動を通して、お客様があなたの会社の商品・サービスを思い浮かべる場面を増やすことができれば、「自社が解決できる課題の総量」が自ずと増えていくのです。

そして、お客様の「課題」と「最適な解決策」を一緒に考えることができれば、「あなたの会社が選ばれる確率」も高くなります。

そうすれば、「売上＝あなたの会社が解決できる課題の総量×自社が選ばれる確率×課題解決にかかる費用」ですので、自ずと売上は上がります。

つまり、営業におけるポジショニングとは「お客様の頭の中に、自社の商品・サービスを、唯一無二の存在として位置づけること」と定義できます。

そこでポイントとなるのが、「**独自性**（自社にしか提供できない属性）」です。

たとえば、「経済情報に特化×全国紙＝日本経済新聞」や「朝専用×缶コーヒー＝ワンダモーニングショット」のように、**自社が持つ属性をかけ合わせ、特定のシーンにおいてお客様**

の頭の中で唯一無二の存在になることができれば、あなたの会社が最も力を出せるタイミングで必然的に選ばれることになります。

もっとわかりやすく言えば、お客様の頭の中で、「○○と言えば、あなたの会社」という認識を確立することが、ポジショニングの目指すところです。

「住まい探しなら、ＳＵＭＯ」「ネットリサーチなら、マクロミル」「麻婆と言ったら、丸美屋」というような企業のキャッチコピーには、それぞれのシーンで自社の商品・サービスを想起してもらいたいという意図が現れています。

だからこそ営業には、「〝どのシーン〟で、〝どんな存在〟として想起されるのか」というあなたの会社が目指すポジションを設定し、日々の営業活動でコミュニケーションを駆使して、お客様の認識を変えていくこと（＝態度変容）が求められるのです。

全員に伝えようと思うと誰にも刺さらないからこそ、ターゲティング ～マーケティング戦略②～

マーケティング戦略の２つ目は「**ターゲティング**」です。

企業が目指すのは、自分たちが持つ専門性を活かして、「誰か」に「幸せになってもらうこと」であり、１人でも多くの人を自分たちが幸せにすることです。

しかし、営業が一度にコミュニケーションをとれる人数にも、時間的リソースにも限界があります。

そこで、幸せにしたい人にとって「どんな存在になるのか？」という自社が目指すポジションを定めるうえでも「誰を幸せにするのか？」を明確にするターゲティングが必要になるのです。

ターゲットを明確にしていないと、あなたの会社の商品・サービスの価値を魅力的に伝えるためのコミュニケーションが曖昧なふわっとしたものになってしまいます。

たとえば、飲料メーカーの商品で「のどが乾いている人」というターゲットを設定して「のどが潤います」と伝えたところで、同じような商品はたくさん存在し、唯一無二の存在にはなれません。

しかし、解像度をもう一段階高めて、「スポーツをしたあとに水分補給をしたい人」というターゲット設定ができれば、「スポーツで汗をかくと、ミネラルが不足するから、ミネラルを多く含む飲み物がいいですよ」と伝えることができ、「スポーツのあと」というシーンで、「ミネラル補給に適した飲み物」という存在になることができます。

つまり、**「みんな」に伝えようと思うと、誰にも伝わらないメッセージになりますが、「特定の誰か」に伝えようと思えば、その人には効果的に届くメッセージになります。**

だからこそ、あなたの会社が幸せにしたい人たちを明確にするのです。

その人たちが「どんなシーンで課題が発生するのか」「いまどんな行動をとっているのか」「何に物足りなさを感じているのか」など、現状の認識とそこに紐づく現状の行動を明らかにし、**ターゲットの現状が手に取るようにわかるレベル**まで解像度を高めます。

わかりやすく言えば、「この人は、こう言ったらこう返ってくる」「こういうとき、あの人ならこういう行動をとる」など、お客様の言動や反応がリアルにイメージできる状態です。お客様に対する解像度が高まれば高まるほど、あなたの会社が目指すべきポジションが明確になります。

次にすべきは、「誰をターゲットにすべきなのか？」という問いです。

企業は基本的に、(自社が)戦っている市場内でのシェア拡大を目指しています。なぜなら、シェアが大きくなればなるほど、(自社が)選ばれる確率が高まるからです。

企業は、1人でも多くの購入者、1回でも多くの購入機会の獲得を目指しています。しかし、一気にシェアを100％にすることは不可能です。

それゆえ、「獲得難易度(＝自社が獲得しやすい購入者／購入機会)」と「売上インパクト(＝購入数量が多い／購入単価が高い)」の両面から優先順位を決めて、**最も売上に影響度の高い人から**ターゲットにしていく必要があります。

市場全体を細分化し、どのような人たちが市場にいるのかを整理したうえで、狙いを定めていくことが効果的です。そのためのプロセスが、次に紹介するセグメンテーションです。

「共感するポイントが似ている人たち」をくる 〜マーケティング戦略③〜

マーケティング戦略（ＳＴＰの策定）の最後は、「**セグメンテーション**」です。

セグメンテーションは、「市場の細分化」とも呼ばれ、**自社が向き合っている市場を細かく分解して、アクションの優先順位を定めること**が目的です。

営業にとって「セグメンテーション」は、現在取引をしているお客様や、過去に取引のあったお客様を分類し、売上への影響度などから優先順位やアプローチ方法を決めるためのプロセスです。

また、営業を率いる組織長にとっては、自分たちの組織が預かっているお客様をセグメントすることで、担当者の設定や、戦術オプションの立案など、営業戦略の策定時に有効になるプロセスです。

セグメンテーションにおいて大事なのは、**「あなたの会社の商品・サービスが提供する価値に共感してくれるポイントが似ている人をくくる」**ということです。

営業活動をしているなかで、お客様ごとにあなたの会社の商品・サービスに共感するポイントが異なること、一方で「こういうタイプのお客様は、反応が一緒だな」と感じることがあるはずです。

「その共通項がなんなのか？」「共感するポイントはどこで変わるのだろう？」という観点でお客様を見ると、納得感のある切り口が見えてきます。

セグメンテーションにおけるポイントは、次の3つです。

1 カテゴリ（自社が扱っている商材）にとって分け方に意味があること
2 セグメント内でとるべきアクションが同一であること
3（組織長向け）メンバーが、納得して行動に移せること

このポイントを押さえたうえで、自社にとって有効な切り分け方を模索していきます。1つずつポイントを確認していきましょう。

1 カテゴリ（自社が扱っている商材）にとって分け方に意味があること

セグメンテーションの最終目的は、市場を細分化した結果、ターゲットを明確にすることです。そのため、セグメント間で「意味のある差」が存在することが重要になります。

では、「意味のない分け方」とはどういうことか。たとえば「B2B商材」であれば、ビジネス上の課題を解決する商品・サービスですので、担当者の性別で分けたところで意味はありません。性別によってビジネス上で起こる課題に差はないからです。

「意味のある差」とは、お客様の業界、従業員規模、年商などです。業界によって自社が提供する商品・サービスが異なったり、従業員規模によって、課題の大きさが異なったりするケースは起こり得ます。

このように、「どこで差が生まれるのか？」に着目することで、有効な切り口が見つかりやすくなります。

2 セグメント内でとるべきアクションが同一であること

2つ目のポイントは、同じセグメント内では同じアクションのパターンをとることです。

売上を上げるためには、より効率的にお客様に価値を提供する必要があります。多くのお客様を抱えている状態で、1人ひとりに異なるアクションをとろうとすると、準備に時間もかかりますし、何より個別性が高くなるので煩雑さが増していきます。すると、自分の中での勝ちパターンが不明確になっていくのです。

だからと言って、すべてのお客様に同じアクションをとっていても、求めることがお客様によって異なるので、勝率は低くなります。

そのため、あなたの会社を選んでいただくべくアクションが同じ人たちを1つのセグメントに分けるのです。

たとえば、「価格／提案内容のどちらを重視するのか」×「問い合わせを待てば良いのか／提案を持ち込まなければならないのか」の4象限にお客様を切り分けると、それぞれの象限（＝セグメント）内で、やるべきことは同じになります。

このように、営業がとるべきアクションのパターンを複数かつ限定しておくことで、勝ちパターンも明確になるのです。

3 （組織長向け）メンバーが、納得して行動に移せること

3つ目のポイントは組織長向けで、メンバーの納得感を重視することです。自らの組織のお客様を切り分けたときに、その分け方に納得感がないと、メンバーは気持ちよく動くことができません。

分け方に意味があり、アクションが同一になるようにお客様を分類し、かつ組織内でなんとなくでも「あ〜、わかる〜！」となる切り口で分けることが大事です。

セグメンテーションによって、購入機会が多いところから狙うのか、難易度が低いところから狙うのか、目指す売上と自社のリソースを加味しながら考えると、優先順位を決めやすくなるのです。

商品・サービスが提供している「根源的な価値」は何か　～コンセプト開発～

ＳＴＰの策定のプロセスを通じて、「誰に（狙うべきターゲット）どんな認識を持ってもらいたいのか（目指すポジション）」が決まったら、次はあなたの会社が目指すポジションの獲得に向けて、ターゲットに「どんな価値を伝えるのか」を考える**「コンセプト開発」**です。

この「コンセプト」という言葉は、人によって説明が異なる抽象的なものです。ただ、とても重要な考え方になるので、いままでよりも紙幅を割いて説明していきます。

私は「コンセプト」を、**「商品・サービスがお客様に提供している根源的な価値」**であり、**「〝おまえは何者だ⁉〟と聞かれたときの答え」**であると定義しています。

そして、**「コンセプト」はすべてのマーケティング活動の原点であり、ターゲットとのコ**

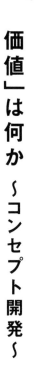

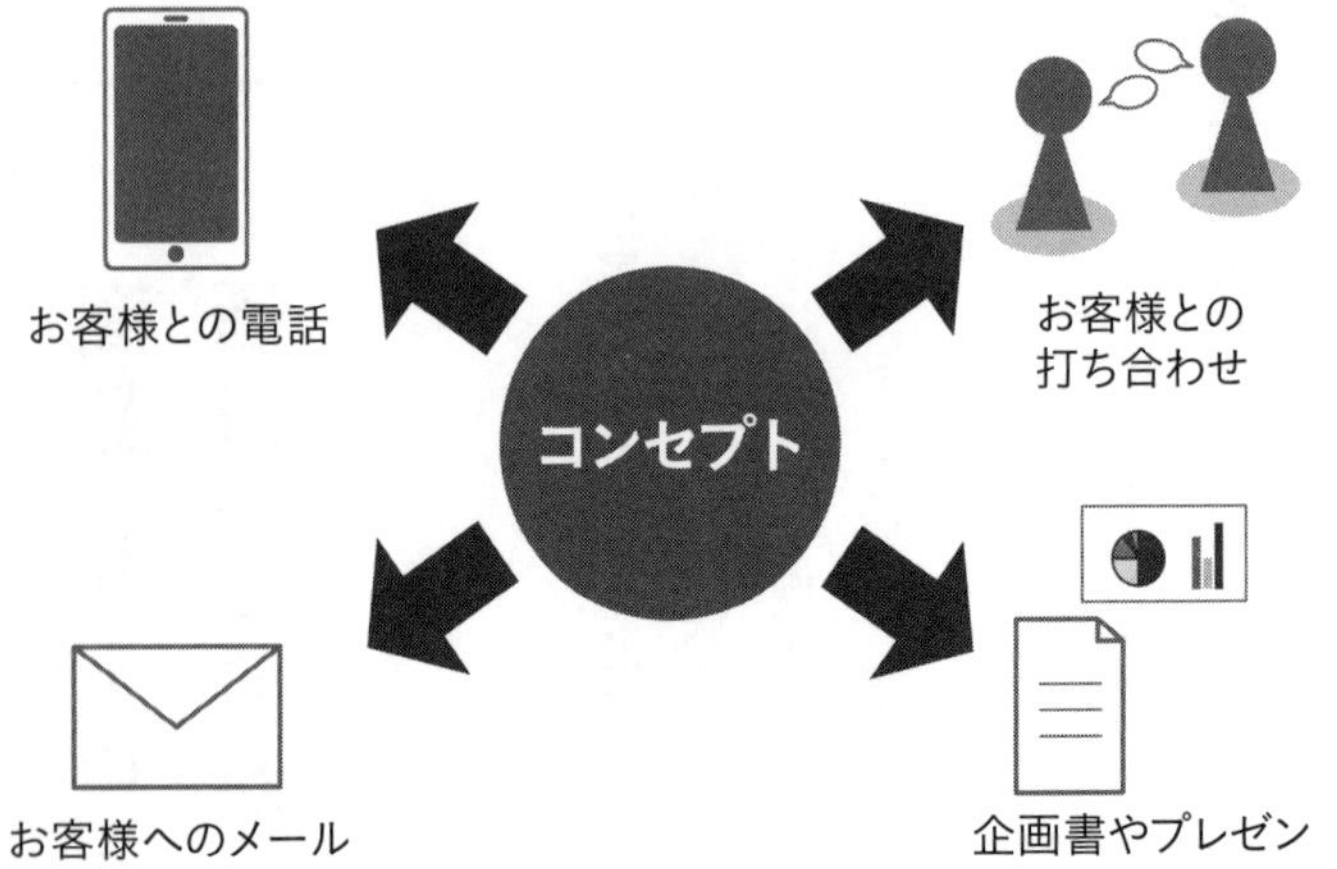

ミュニケーションを考える際の指針になる非常に重要なものです。

商品・サービスは、「コンセプト」を体現する1つの手段でしかありません。企業がその根源的な価値（＝コンセプト）を表現する手段として、商品やサービスが存在するという構図です。また、営業活動を行う際にも、「コンセプト」は欠かせません。あなたの会社の商品・サービスが提供している根源的な価値を理解し、お客様との電話やメール、商談やプレゼンなどの**すべての顧客接点において、コンセプトを体現していることが大事です（上の図）。**

しかし、コンセプトは、「これがコンセプトだ！」と表に出るものではありません。

営業に関する「コンセプト」が設定されているとしても、多くは社内だけで共有されるものなので、他社がどんな「コンセプト」を設定しているかはわかりません。

ただし、成果を出し続けている営業や営業組織は、「コンセプト」というかたちで言語化されている／いないにかかわらず、自社が提供する価値が明確に定まっているはずです。

私がマクロミルの営業部長として設定していたコンセプトは、**「ドラえもん×三河屋のサブちゃん」**です。

これは、「調査会社＝調査案件が発生したときに連絡する」というこれまでの認識から、「困ったことがあったときに気軽に相談する」という認識へと変化させるためのものです。

ドラえもんのように、誰よりものび太くんのことを考え、困ったときに解決策を提示してくれる存在でありつつも、相談されるのを待つだけではなく、『サザエさん』に出てくる三河屋のサブちゃんのように勝手口から入り込み、「何か困ったことはないか？」「いつもと異なる様子はないか？」を常に気にし続け、お客様の仕事において当たり前の存在になるという意味です。

そのうえで、メンバーには、このコンセプトを体現する行動を求めていました。

コンセプトは、**「①ベネフィット」「②インサイト」「③ＲＴＢ」**という３つの要素で構成されます。

コンセプトの3つの要素を考えるプロセスが、「コンセプト開発」です。それぞれ、お客様とのコミュニケーションを考える際に大事な要素なので、1つずつ説明していきます。

1 ベネフィット＝商品・サービスによってターゲットに起こる変化を明確にしたもの

コンセプトの3つの要素の中で、根幹を担うのが「ベネフィット」です。

営業は、商品・サービスを通してお客様に価値提供をすることによって、お客様にプラスの状態変化を起こさなければなりません。

つまり、**「あなたの会社の商品・サービスを購入・使用することによって、どんな変化がターゲットに起こるのか？」**を示したものがベネフィットです。

2 インサイト＝ターゲットの心を動かすトリガー

ベネフィットを伝えただけでは、お客様から選んでいただくことはできません。あなたの会社が提供できるベネフィットと似ている商品・サービスは、ほかにも存在するからです。

お客様に「あなたの会社が私を一番幸せにしてくれる」と思っていただくためには、ベネフィットをより魅力的なものにしていく必要があります。

そこで、商品・サービスのベネフィットをより魅力的にすべく、重要な役割を担うのが、2つ目の要素である**「インサイト」**です。

私は、インサイトを**「ターゲットの心を動かすトリガー」**と定義しています。〝心のホットボタン〟と呼ぶ人もいて、とてもわかりやすく本質を突いた表現です。

ベネフィットを伝えられたときに、「すでに知っている、気づいている価値であり、その価値が重要だと感じないもの」や「価値の伝達方法・伝達内容が、心に響かないもの」だと、ターゲットの心は動きません。

インサイトとは、ターゲットの心を動かすために、お客様に提供する「いままで自分にとって当たり前だと思っていたことが覆《くつがえ》される（＝ハッとする）新たな理論や事実」や「感情を大きく動かすような（＝グッとくる）ストーリー」とも言えます。

では、営業活動において「インサイト」を刺激できないとどうなるのでしょうか？

答えは、「お客様が現時点でほしいと〝明確に〟思っているもの（＝顕在化しているニーズ）しか選ばれない」です。

一般的に、お客様の顕在化しているニーズは、「重要かつ、満足していないもの」だと言われます。しかし、世の中にいろいろな商品・サービスがあふれている現代において、たいていのニーズは何らかの商品・サービスによって、〝ある程度〟満たされています。

そのため、ニーズを探すのではなく、「商品・サービスを選ぶ際に大事にしているポイント」や「満足する際の基準・水準」をあなたの会社の商品・サービスに合わせて変化させ、**〝ニーズをつくり出す〟**のです。

そして、そのニーズを喚起するための要素が、インサイトなのです。

3 RTB＝ベネフィットをターゲットに信じてもらうための情報

インサイトによってニーズが喚起され、ベネフィットが魅力的に映ったとしても、お客様の頭の中には「本当にその変化って起こるの？」という疑問が浮かびます。

たとえば、「1週間で10キロやせる！」と言われても、ちょっと怪しいですよね。でも、本当に実現できるのであれば、ベネフィットを信じてもらわなければいけません。

そのために必要になるのが、コンセプトを構成する3つ目の要素である、**「RTB（Reason To Believe）」**です。直訳すると「信じてもらうための理由」です。

みなさんがご存知の商品・サービスだと、綾鷹の「京都の料亭の料理人が綾鷹を選びました」や、ライザップのＣＭの「Before→Afterの映像」がわかりやすい例かと思います。

つまり、ターゲットにとって信頼性のある情報や、信じてもらいやすい情報を用いて、あなたの会社の商品・サービスを使うことによって起こる変化を信じてもらうことが重要なのです。

ここまで、「コンセプト」の３つの要素について説明をしてきました。大事なのは、あなたの会社の商品・サービスが提供している根源的価値がなんなのかを明らかにし、そのうえで、「コンセプト」の伝え方をターゲットのセグメントに合わせて柔軟に変えていくことです。

セグメンテーションのところで述べた通り、セグメントは共感してくださるポイントが似ているお客様の集まりです。

つまり、セグメントが異なれば、魅力的に感じるポイントは異なりますし、前提として持っている知識や考え方も異なります。

だからこそ、ターゲットを深く理解し、どんな存在として認識してもらいたいのかを定めたうえで（ポジショニング）、「コンセプト」の伝え方を設計することで、自社の商品・サービスがより魅力的に伝わるようになります。

営業は、日々の活動で、「自社が提供する価値をお客様に魅力的に伝える方法を考え抜くこと」を求められています。

そのときに、自社が提供する価値を場当たり的に人によってバラバラの内容で伝えていては、何が正しいのか、どれが効いたのかを確かめることができません。

一方で、「コンセプト」という指針があれば、お客様へのコミュニケーションに一貫性を持たせることができ、その中で何が刺さったのか、反対にどこを改善すべきなのかを見極めることが可能になるのです。

コンセプトの構成要素まとめ

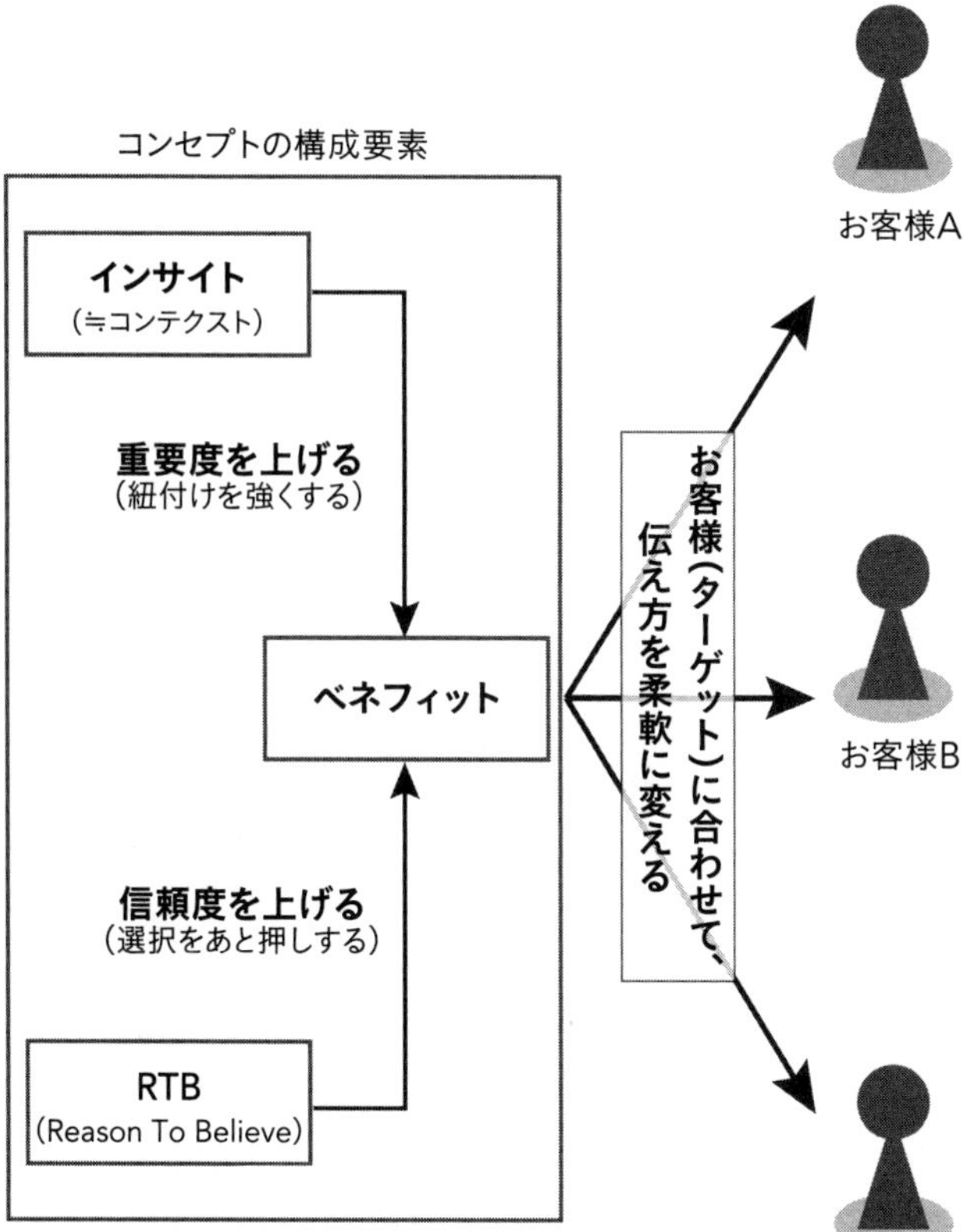

お客様の「期待値」と「体感値」のギャップを埋める～4P開発・上市後検証～

マーケティング戦略を立て、コミュニケーションのコアになるコンセプトを定めたら、「お客様にとって魅力的に伝わる（＝お客様の認識変化を引き起こす）方法」を考えます。それがマーケティングにもとづいた営業における「4P開発」です。

具体的には、次の4つの要素を設計し、**お客様の認識変化を引き起こすシナリオを描いていきます**。

- Price：ターゲットが魅力的に感じる価格の提示方法
  （例）競合商品と比べたお買い得感を伝える、費用対効果を中心に伝える
- Place：ターゲットに効果的に伝わるシチュエーション

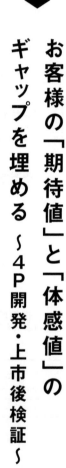

（例）１対１の商談で伝える、全体会議の場でプレゼンをする

- Product：最もコンセプトの要素が伝わる商品・サービスの属性

（例）ベネフィットが体感できる商品特徴、インサイトを刺激する情報

- Promotion：お客様に最も魅力的に伝わる方法

（例）動画で演出する、プレゼン資料にこだわる、実際に商品を体感してもらう

営業が目指すのは、お客様に自社の商品・サービスを選んでいただくことです。そのためには、お客様とのコミュニケーションによって認識の変化（＝態度変容）を起こし、あなたの会社の商品・サービスを選ぶという行動へと導かなければなりません。

だからこそ、何をどのように伝えるかというシナリオを描く必要があるのです。

１回の商談で決めるのか、複数回に渡って情報提供などのコミュニケーションを繰り返すのか。どのような順番で伝えるのが効果的なのか。商談の前に描いたシナリオによって、商談の結果は大きく左右されます。

そのうえで、営業が目指すのは、**お客様に〝選び続け〟ていただくこと**です。

そのとき必要なのは、営業活動や商品・サービスを通じてお客様に伝えていた「コンセプト」が、お客様に伝わっているのかを確認すること。そして、お客様からのフィードバックに

よって、常に自社の提供価値をブラッシュアップし続けることです。

このプロセスが、マーケティングにもとづいた営業における**「上市後検証」**です。「上市」とは、商品・サービスを市場に投入する（＝お客様に提供する）ことであり、新商品の発売や新サービスのリリース、オプション商品やリニューアル商品の発売タイミングなどです。

このプロセスでは、実際にお客様の手元に届いた商品・サービスを通して、事前に伝えたかった価値が伝わっているのかどうかを確認します。

大事なのは、お客様に提供したい「根源的な価値（＝コンセプト）」が「思い通りに」伝わっているかの実現度合いです。

この「上市後検証」のプロセスによって、コンセプトそのものや、商品やサービス、販促活動、営業活動におけるコミュニケーションを見直し、より伝わるかたちへの改善・進化につなげていきます。

実現度合いは**「営業がお客様に与えた期待値」と「商品・サービスの利用体験が与えた体感値」のギャップ**によって把握できます。

その後、営業がすべきは「お客様の期待値」と「商品・サービスの利用体験が与えた体感値」のギャップを埋めることです。とくにクラウドサービスなどSaaS系のツールを提供している場合、このギャップが大きな解約リスクにつながります。

要は、営業が〝**売りっぱなしになってはいけない**〟ということです。

日用消費財メーカーでは、この「上市後検証」のプロセスをとても重視しています。彼らは、小売店を通して商品を消費者に提供しているため、直接お客様の声を聞けません。ギャップの確認をしなければ、知らないうちに売れない商品になってしまう可能性があるからです。だからこそ、アンケート調査やインタビューによって自分たちが提供したかった価値が伝わっているのかどうかの検証を行い、コミュニケーションや商品を改善し続けることで、消費者に選ばれ続けることを目指しているのです。

お客様に直接商品・サービスを提供できる場合、その役割を担うのは営業であり、そこで確認すべきポイントは、次の3つです。

1 期待値と体感値のギャップ
2 成功・失敗事例とその要因
3 商品・サービスに対する〝グッド（評価ポイント）〟と〝モット（改善ポイント）〟

この3点を確認し、「マーケティング戦略」「コンセプト開発」「商品・サービス（4P）」へのフィードバックを行います。このサイクルを繰り返すことにより、お客様に選ばれ続ける状態を目指すのです。

お客様によっては、想定よりも期待値が高かったり、自社が意図している提供価値とまったく違う提供価値をイメージしていたりするということがあります。

営業とお客様の認識がズレていることに気づかないと、知らぬ間に不満が蓄積し、結果として解約や購買中止などにつながります。そうならないためにも、上市後検証で「お客様の期待値のチューニング」が必要なのです。

さらには、お客様の反応を集めることで、「自分たちが想定できていなかった価値」や「商品・サービスの活用による成功事例や失敗事例」に出会うことができます。

それらを拾い上げ、エッセンスを抽出し、活用できれば、ターゲットの解像度や新規商談におけるコミュニケーションの精度が高くなっていきます。

何より、商品・サービスに対するお客様の評価（グッドとモット）を商品開発部門に共有することによって、商品・サービスをより魅力的にしていくことができるのです。

マーケティングは、営業が成果を出し続けるための最強の武器となる

本章では、マーケティングの概念と、営業が押さえるべきマーケティング・プロセスについて述べてきました。

ここまでの内容は、私がマクロミルに入社し、マーケティングの考え方を用いて成功体験の棚卸しを行い、日々の営業活動や営業組織の運営、メンバーをマネジメントしていくなかで活用してきたものです。

マーケティング・プロセスのポイントをシンプルにまとめると、**「次の3点の行き来を繰り返しながら、ひたすら考え抜くプロセス」**ということになります。

1 Who（誰に）：誰を幸せにしたいのか？
2 What（何を）：幸せにしたい人たちにどんな価値を提供するのか？
3 How（どのように）：提供したい価値をどのように届けるのか？

つまり、営業活動も、常にこの3点の繰り返しなのです。

1 Who＝幸せにしたい人（＝お客様）の理解を深める
2 What＝あなたの会社の商品・サービスを通じて、お客様に提供する価値の理解を深め、価値を言語化する
3 How＝その価値がお客様に魅力的に伝わる方法を考え、伝える

営業は日々の活動で、目の前のお客様に向き合い、「どうやったらお客様を幸せにできるか」を考え抜きながら、売上を上げ続けるためにさまざまな業務に取り組んでいます。

にもかかわらず、忙しい日常で、ときに自分がやっている業務が「何のためなのか（Why）」という目的を忘れてしまうことや、やることが当たり前になっていて、疑いすらしていないこともあるかもしれません。

成果を出し続けるためにも、いまやっていることの「目的」を明確にし、1つひとつのアクションの精度を高め続けるのです。

本章の冒頭で、「再現性をもたらすために必要なのはテクニックではない」と述べましたが、必要なのは **〝ベースとなる考え方〟** です。

ここまで話したマーケティングの概念およびプロセスの概要が、その「ベースとなる考え方」です。

それらを理解し、営業活動に当てはめることで、日々のアクションの目的を確認し、精度を高め、足りないアクションに気づくことができるようなります。

次の第2章では、マーケティング・プロセスを進めていくうえで欠かせない「リサーチ」について営業が押さえるべきポイントを紹介していきます。

リサーチの本質や手法については、難解な専門書が多く、営業にとってわかりやすく説明されているものはほとんどありません。そこで、私がマーケティング・リサーチ会社であるマクロミルの6年間で累計数百件のリサーチプロジェクトに関わった経験から、「営業におけるリサーチ」について述べていきます。

第2章

幸せにしたい人（＝お客様）について深く理解するための「リサーチ」

リサーチの本質は「幸せにしたい人＝お客様」の頭と心の中を深く理解すること

第1章で説明した**「マーケティング」と、これから本章で取り上げる「リサーチ」は営業にとって成果を出し続けるための法則の両輪です。**

これは、私がマクロミルにいた6年間、自社の提供価値（＝マーケティング・リサーチの価値）に向き合いながら、数百件のリサーチプロジェクトに携わってたどり着いた結論です。

しかし、「リサーチ」になじみがある人は少なく、あったとしても「リサーチ＝アンケート」と勘違いしている人が多いなど、「リサーチ」の本質はあまり正しく認識されていません。

そのため、まずは「リサーチ」についての共通認識を持つことからはじめます。

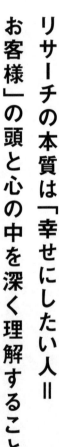

マクロミルの公式ホームページでは、「リサーチ」を次のように説明しています。

（略）様々な文献・情報を活用しながら、リサーチ対象に対して一定以上の深さで理解を得るために調査・研究する活動のことである。（中略）リサーチは人間が思考を伴って深い理解を得るための調査・研究するという意味で使われる。

営業にとってのリサーチの対象は間違いなく、「幸せにしたい人＝お客様」です。

そして、深い理解を得るのは、「お客様がどのような認識を持っているのか（＝頭の中）」と、「お客様の心はどのようなコミュニケーションで動くのか（＝心の中）」についてです。

つまり、マーケティングが「幸せにしたい人（＝お客様）に選ばれ続ける状態をつくる」ものであるならば、**リサーチは「幸せにしたい人（＝お客様）の頭と心の中を深く理解すること」**と定義することができます。

次のスティーブ・ジョブズ氏の言葉は、マーケティングとリサーチの関係性と、リサーチの重要性をとてもわかりやすく表現しています。

美しい女性を口説こうと思ったとき、ライバルがバラを10本贈ったら、君は15本贈るかい？

そう思った時点で君の負けだ。その女性が何を望んでいるのか、見極めることが重要なんだ。

相手の女性に自分を選んでもらうためには、ライバルがしている「バラを贈る」という行動でバラの数を競うのではなく、**相手の女性について深く理解し、ライバルよりも選ばれる確率の高い行動をとる**必要があるわけです。

（あなたの会社が選ばれるべく）**成功確率の高い施策を打つ**ために、リサーチによって、お客様の頭と心の中を深く理解するのです。

競馬場に行って、「何も調べずに馬券を買う」場合と、「競馬新聞やインターネット、競馬番組で情報を集めてから馬券を買う」場合で、勝つ確率（＝馬券が当たる確率）が変わることは、イメージしやすいかと思います。

これは、競馬新聞やインターネットを通して、直近のレース結果から競走馬の調子を、戦績から競馬場やレース距離の得意不得意を理解するなど、競走馬を対象にした「リサーチ」が購入する馬券の選択に影響を与えるというわかりやすい例です。

ビジネスの現場で**お客様の理解を深める**ためには、アンケートやインタビューなどのさまざまな手法が存在します。マクロミルなどのマーケティング・リサーチ会社は、リサーチの目的に合わせて適切な手法を選択・設計することで、企業のリサーチを支援しています。

人は、いままでに触れてきた情報や現在持っている情報から、対象を理解します。しかし、持っている情報が少なかったり、偏っていたりすると、正しい理解ができず、思い込みから間違った行動をとってしまうこともあります。

そうならないために大事なのが、お客様の情報をさまざまな手法を駆使して集め、お客様への理解を深めることです。

お客様の情報を集めていると、「そうだったのか！」という理解を深めるための新たな気づきにつながる情報**（＝刺激になる情報）**や、「やっぱりそうだ！」といういままでの理解を裏付ける情報**（＝検証のための情報）**が入ってきます。

つまり、「リサーチ」に必要なのは、**「刺激」**と**「検証」**となる2つの材料です。

新たな気づきや発見を「刺激」にしてお客様の理解を深め、打ち手のアイデアを磨く。現状の理解から生まれた仮説を「検証」して向かっている方向が正しいのかを確認する。そうやって、自信を持ってビジネスを前に進めるために「リサーチ」を行うのです。

ドラえもんがやっていることも、のび太くんに対する徹底的なリサーチ

「リサーチ」をより身近に感じていただくために、「ドラえもん」を例にあげて説明します。

前提として、ドラえもんは**「のび太くんを幸せにする」**という使命を担って、22世紀からやって来ました。のび太くんを幸せにするためには、のび太くんの認識（＝考え方）を変え、「勉強をしない」「遅刻をする」「すぐ泣く」などの行動を変えなければなりません。

そのためにドラえもんにできる施策は、「ひみつ道具を渡す」ことに加え、「日々の行動に対してフィードバックをする（＝ティーチング）」「より良い方向へと導く（＝コーチング）」などを通したコミュニケーションです。

ドラえもんがのび太くんの心を動かすためには、ベストなタイミングでできる施策の中から

最も効果的なものを選び、のび太くんに伝えることが大切です。その効果を最大化するために、ドラえもんがやっていることは、**のび太くんに対する徹底的なリサーチ**です。

ドラえもんは、リサーチ手法の1つである**「訪問観察調査」**を活用し、のび太くんの理解を深めるための情報を集めています。

「訪問観察調査」とは、その名の通り、自宅や職場に訪問し、対象者の行動を掘り下げることによって、対象者への理解を深めるためのリサーチ手法です。

リアルな生活を垣間見ながら、無意識も含めた行動の裏側を探ることができるので、アンケートやインタビューではつかみにくい「刺激」を得ることができます。

P&GやDyson、花王などマーケティングで有名な企業（とくに日用消費財メーカー）は、「訪問観察調査」をとても大事にしています。自宅で使う商品・サービスに対して、インタビュー会場で「どのように使っていますか？」と聴くよりも、実際に使っているシーンを観察するほうが、その商品・サービスの新たな使い方や価値についての発見が多いからです。

ドラえもんは、のび太くんと寝食をともにし、観察と対話を繰り返しながら、彼の「言動」や、さまざまな施策（道具を出したりなど）への反応を、のび太くんの頭と心の中を深く理解する

（＝リサーチ）ための「刺激」と「検証」の材料として活用しています。

最初の頃は、のび太くんの態度や言動にドラえもんがうんざりするシーンも多くありましたが、一緒に暮らしていくうちに、彼の考え方や価値観、人間性への理解が深まっていきます。

その結果、ドラえもんはのび太くんの認識の変化（＝態度変容）を起こしやすくなったり、のび太くんのニーズをとらえたひみつ道具をより出せるようになったりしているのです。


このドラえもんの動きは、営業に求められる「リサーチ」と同じ構造です。営業に置き換えて考えてみると、営業がやるべきは、次のとおりです。

お客様の理想の状態の実現（＝のび太くんを幸せにする）に向けて、あなたの会社（＝ドラえもん）が提供できる価値を考え抜く。

お客様（＝のび太くん）の心を動かす施策（＝最適なひみつ道具を出す、適切なメッセージを伝える）を打つために、目の前のお客様に徹底的に向き合い（＝のび太くんの家に泊まり込み）、頭と心の中を深く理解する。

はじめはミッションとして仕方なくのび太くんに向き合っていたドラえもんが、心からのび太くんの幸せを願うようになって関係性が変化したように、営業も目の前のお客様の理想の状態を実現することに真摯に向き合うことで、お客様との信頼関係が深くなっていくのです。

営業に求められるのは、真の意味でのリサーチ

営業が目指すのは、「幸せにしたい人（＝お客様）が抱える課題を解決する手段として、あなたの会社の商品・サービスが選ばれ続ける状態をつくること」でした。

しかし、同じ商品・サービスを提供する場合でも、お客様によって理想の状態は異なります。現状とのギャップや抱えている課題も異なります。お客様の性格や価値観によって、商品・サービスに対して重視しているポイントや、良いと感じる要素・基準も異なります。

そのため、営業がまずやるべきは、目の前のお客様が、**いまどのような認識を持っていて、どのような行動をとろうとしているのか**、（あなたの会社を選ぶという行動をとってもらうために）**どんな認識に変える必要があるのか**を理解し、（認識を変えるために）とるべきコミュニケーションとその方法を見極めることです。

そこで重要になるのが、「リサーチ」です。

商談を中心としたお客様との接点で、リサーチに必要な「刺激」と「検証」となる材料を集めます。集める材料としては、お客様が大事にしているポイントや価値観、現状の認識、選択肢として頭の中に浮かんでいるものなどの情報が挙げられます。

そのときに念頭に置くべきは、**「お客様の言葉を鵜呑みにしない」**ということです。

そもそも、お客様は、意思決定などの判断の理由を、うまく言葉で説明することができていないこともあるからです。お客様の言葉や表情は、こちら側からの働きかけに対する反応です。その反応を観察し、深く掘り下げることで、お客様を理解するための多くのヒントが得られます。

つまり、**お客様の発言や表情などの反応を、リサーチの材料**として営業が解釈することで、お客様の頭と心の中の理解を深めていくのです。

もう1点、お客様に**「どのような質問を投げかけるのか？」**ということも念頭に置かなければなりません。とくに**「商品・サービスの売れない理由」を明らかにしたい**と考えている場合は、要注意です。

たとえば、お客様にその商品・サービスを「なぜ買わないのですか？」と聞いたところ、

「デザインが気に入らない」「かわいくない」などの発言が出てきたとします。

しかし、そのお客様は、デザインが良くなっても、かわいくなっても買わないかもしれません。なぜなら、あなたの会社の商品・サービスに、イヤなところがあった（から**買わなかった**）のではなく、ほかの選択肢のほうが（課題を解決できるなどの）お客様の認識にマッチしていた（から**買った**）ということもあり得るからです。

営業がお客様に聴くべきは、**「（あなたの会社の商品・サービスではなく）ほかの選択肢を選ぶ」という意思決定にいたった背景や、その裏にある価値観**です。そのうえで、営業はあなたの会社の商品・サービスに何が足りないのか、どのような点を改善すれば選んでいただけるようになるのかを考えることが求められるのです。

また、ビッグデータへの注目が集まるようになってから、事実ベースのデータが重宝されていますが、購買データやアクセスログは〝結果〟の集合です。

事実ベースのデータだけでは、なぜその行動をとるようになったのか、なぜそのようなものに興味を持ったのかの理由や背景までは理解ができません。

だからこそ、営業がお客様と〝直接向き合い〟、コミュニケーションを通じたリサーチによって反応を集めることに、価値があるのです。

材料を集める前に押さえるべき3つのポイント

お客様の頭と心の中を深く理解する（＝リサーチ）ためには、「刺激」と「検証」という2つの材料が必要という話をしました。

材料を集めるポイントは、**「なんのために」「何を明らかにするのか」「誰に聴くのか」**という3つです。これら3つを定めることをマクロミルでは**「与件の整理」**と呼んでいます。

最も重要なのは、**「なんのために（目的の設定）」**です。

材料を集めるときには、「自社がリーチできていないターゲット層を獲得する方法を考えたい」「他社を利用しているお客様を自社に置き換える方法を考えたい」など、その材料が必要な理由（または目的）が必ず存在します。

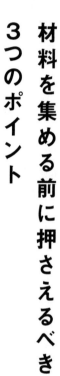

これらを明確にしないまま、お客様に話を聴きに行ったとしても、集まってくる情報に一貫性がなく、材料としてまったく使えないということが起こります。

そして、その目的を達成するために、**「何を明らかにするのか（論点の設定）」**を明確にし、「お客様に何を聴くべきか」を定めていきます。

たとえば、「自社を使っている人と他社を使っている人の差」「求める水準に差が生まれる要素」など、比較したいポイントや結論づけたいことを明確にすると、お客様に聴くべき内容が定まります。

そのうえで、**「誰に聴くのか（対象者の設定）」**を定めます。

論点を明らかにするうえで聴くべきターゲットを絞り、お客様のタイプが偏らないように対象者を設定します。

目的と論点の設定が正しかったとしても、聴く相手（対象者）を間違えると、求めている材料を得ることができません。聴きやすいお客様に聴くのではなく、**聴くべきお客様に聴く**ことを心がけてください。せっかく時間をかけてリサーチしたにもかかわらず、目的を達成できなかったなどということが起こらないよう、対象者の設定は丁寧に行います。

「与件の整理」が重要なのは、**対象者（＝お客様）に対して一度に聴ける内容が限られているか**

らです。回答の精度を担保するためには、アンケートであれば、20～30問程度、インタビューであれば、1・5時間が限界です。限られた時間と設問数を有効に使うためにも、「与件の整理」が大事なのです。

私は、リサーチという概念に出会ってから、お客様とのコミュニケーションをすべて「刺激」と「検証」の材料を集める場として活用しています。

そのために、自社の事業フェーズや営業戦略に合わせて、聴くべきお客様を決めたり、お客様の状況に合わせて、商談での論点を変えたりしながら、1つひとつの商談を有効活用しています。

つまり、「与件の整理」とは、商談の事前準備と同じ意味を持ちます。「商談の目的」や「お客様に聴きたいこと」「商談の中で明らかにしたいこと」を事前に設定することで、より良質なリサーチの材料を集めることができます。その繰り返しによって、お客様への理解が深まり、あなたの会社の商品・サービスが選ばれるためのコミュニケーションの精度を高めることができるのです。

データを集めてから考えるのは無謀。情報収集は、まずアタリをつけてから

「データドリブン（データに基づいて判断・アクションすること）」という言葉が一時期流行りましたが、**一番やってはいけないのは、データを集めてから、何が読み取れるのかを考えることです。**

なぜなら、何かを読み取るためにデータ（情報）があるのであって、データを集めることが目的になってしまうと、文字通り、手段と目的を履き違えることになるからです。

データを集めてから考えるのではなく、判断基準を定めたうえでデータを見なければ、データに踊らされてしまいます。

「何がわかっていて、何がわからないのか（＝ほしい材料のアタリをつけること）」が明らかになっていないと、貴重な時間を無駄な行動に使ってしまいかねません。

加えて、「本当に追加のデータや情報が必要なのか?」ということも考えるべきです。

本当は、いまあるデータや情報ですでに筋の良い仮説を考えられるはずなのに、そこに目を向けずに「お客様にもっと話を聴きに行くぞ!」となった結果、入手した情報に「これって、前にも聴いたよね?」みたいなオチが待っているケースも多くあります。

経営学者の楠木建氏と経営コンサルタントの山口周氏の著書『「仕事ができる」とはどういうことか?』(宝島社)の中では、データの集め方の違いについて、**「アウトサイド・インとインサイド・アウトのアプローチ」**という言葉で説明しています。

仕事ができない人というのは、だいたいアウトサイド・イン。(中略)最適な解がどこかに落ちているはずだからとブワーッと幅広く外部にあるものをサーチして、そこからいいものをピックアップして問題を解決しようとする。これがアウトサイド・インのアプローチです。

このアウトサイド・インのアプローチは、「とにかくお客様にもっと話を聴きに行くぞ!」というさきほど述べた例と同じ行動です。

お客様の情報を集めてから、何がわかるかを考えても、お客様の心を動かすための施策にたどり着くことは難しいはずです。日々の営業活動でお客様の情報はあるはずなのに、いまいち結果が出ない営業は、この問題に陥っている可能性が高いです。

一方、インサイド・アウトのアプローチについては、同じく『「仕事ができる」とはどういうことか？』では、次のように説明しています。

仕事ができる人の軸足は、インサイド・アウトです。（中略）情報は不完全でも、まず自分なりのロジックやストーリー、自分なりのハッピーエンドみたいなものが見えている。もちろん知らないことはいっぱいあるんだけど、「わからなかったらあとで取りにいけばいいよ」というのがインサイド・アウトの考え方です。

これがまさに、「ほしい材料のアタリをつける」ということです。

まずは、商談の目的を定め、ストーリーをつくり、理解すべきことを整理する。次に、自社が保有するデータの中に使えるものがあるかどうかを確認・判断する。そのうえで、「足りない情報」を集めに行くという順番です。

たとえば、担当しているお客様への提案を考える際に、ひとまず自分が持っている情報だけで提案を組み立てていると途中で止まることがあります。

それは、「お客様がこの商品・サービスをほしがる決め手がわからない」「何を達成できればいいのかがわからない」「競合と比較するポイントがわからない」など自分が持っていない情報が存在することが理由です。そうなったときにはじめて、お客様に話を聴きに行くことで、より魅力的な提案をつくることができるのです。

「定量調査」×「定性調査」によってお客様の解像度を上げる

大事なことなので何度もお伝えしていますが、**営業がやるべきは、お客様の頭と心の中を深く理解（＝リサーチ）し、あなたの会社が選ばれ続けるための施策を打ち続けること**です。

そして、そのための「刺激」と「検証」となる材料を集めるべくマーケティング・リサーチ会社が提供している「調査」という手法が存在します。少し専門的な話になりますが、営業が理解しておくと有効な調査のポイントについて簡単に説明します。

調査には、「定量調査」と「定性調査」の2つの種類があります。

「定量調査」とは、アンケート調査に代表される、**たくさんの人の声を聴いて、それを数値データとして処理し、傾向や差を統計的に確認するための手法**です。

商品・サービスの仕様を決定するときや、市場の全体像をつかむときに活用されるので、どちらかと言えば**「検証」の意味合いが強い調査手法**です。

営業になじみがある「定量調査」の一例は、商品・サービスに関する満足度調査です。満足度（満足と回答した人の比率）や、満足／不満の回答者の特徴、購入量の多寡による回答傾向などから、お客様の頭の中であなたの会社の商品・サービスがどのように評価されているのかについて理解を深めるために実施する調査です。

住宅展示場や結婚式場でお客様が回答する来場時のアンケートも、店舗間での差分や受注と失注での差分を観察することで、接客の品質やお客様の特徴の理解につながります。

最近ではリストさえあれば、Googleフォームなどの無料ツールを活用し、定量調査を実施することが可能になりました。私自身も、商品・サービスについての評価を得たい、改善点を把握したい場合に活用しています。

ただし**「定量調査」の結果は、あくまで意思決定のための〝材料〟の1つに過ぎません。**

たとえば、調査結果としての「男性60％：女性40％」という数値自体には意味がありません。この比率が何を意味するのか、この比率から何を読み取ることができるのか、この材料をもとに、お客様の頭と心の中を深く理解する作業が「リサーチ」なのです。

一方、インタビュー調査に代表される**「定性調査」は、対象者のリアルな言葉や行動、観察可能な状態や印象など数値化できない情報を収集するための手法**です（ちなみにドラえもんがやっている「訪問観察調査」も定性調査の手法の1つです）。

新たな仮説を構築したい場合や、商品・サービスに対する問題点を洗い出したい場合に活用されるので、どちらかと言えば「刺激」の役割のほうが強くなります。

「インタビュー調査」には、複数人を同時に集めて、対象者同士がテーマについて意見を交わす「グループインタビュー」と、1対1で深く話を聴く「デプスインタビュー」の2種類があります。

営業は、お客様とのデプスインタビュー（≒商談）をひたすら繰り返しています。良いインタビューをするためには、与件を整理し、何をどのようなフローで聴くのかを明確にしたうえで、商談に臨まなければなりません。

そのとき、営業が着目すべきは、自身が発した言葉や提案内容に対する、**お客様の言葉や行動といったリアルな反応**と、**そのときのお客様の状態（表情や雰囲気）、営業がお客様から受けた**

印象の3つです。

たとえば、お客様の「いいですね」というひと言を取っても、身体を前に乗り出して「いいですね〜！」という感じなのか、ちょっと冷静に「あぁ、いいですね」という感じなのかによって、解釈は異なります。

お客様の一挙手一投足、発言1つひとつに目を光らせながら、**言葉だけではなく、声のトーンや身体の動きまで含めて冷静に観察することで、お客様の頭と心の中を推察していきます。**

そうやって生まれた仮説を、お客様との実際のコミュニケーションで検証しながら、さらに理解を深めることで、お客様の解像度はぐっと高まります。

「定量調査」によって全体像をつかみ、「定性調査」によって深く理解する。この掛け合わせによりお客様の解像度が上がることで、お客様とのコミュニケーションの精度は格段に高まっていくのです。

営業の言動によって、お客様の行動や判断に起こった変化を観察する

営業の成果である「あなたの会社の商品・サービスを選ぶ」というお客様の行動を起こすためには、**日々の営業活動でのコミュニケーションを通して、お客様の認識を変える必要があります。**

コミュニケーションの精度を高めるために必要なのは、日々の営業活動を通じたお客様の表情や言動の変化を観察し、お客様の認識を変えるコミュニケーションができているかどうかの確認です。

もし、お客様とのコミュニケーションで、何も変化が生まれなかったり、思うような変化を起こせなかったとしたら、そのコミュニケーションは失敗です。

ただし、そのときに「なぜうまくいかなかったのか？」を振り返ることで得た気づきは、リ

サーチに必要な「刺激」の材料になります。反対に、うまくいったときは、事前に立てた仮説を「検証」する材料にもなります。

私は、2つのことを意識しながら商談でのお客様とのコミュニケーションを進めています。

1つは、**お客様の「現状の認識」を確認し、お客様が「購入（契約）する」という意思決定に至るメカニズムを理解すること。**もう1つは、**お客様が「大事にしていること」を確認し、どんなことに心が動くのかをつかむこと**です。

商談を進めながら、自分が提供した情報に対するお客様の反応を観察することで、どういう状態になったら購入（契約）してくださるのか、どんな情報があれば検討が一歩前に進むのかという理解につながります。

たとえば、営業をしていると、商品・サービスに否定的だったお客様が、前向きに話を聞いてくださるようになることもあれば、途中まで前向きだったお客様が急に否定的になるケースもあります。

それは、コミュニケーションによって、お客様の何らかの認識が変化した（態度変容が起こった）からです。

その態度変容を再現するために（状況によっては、再現しないために）、お客様との商談後に営業が振り返るべきは、**「お客様の態度変容がなぜ起こったのか」「自分の言動が、お客様に狙い通りの反応を起こせたのか」**です。

つまり、事前に想定したコミュニケーションが、お客様の認識を変える（＝態度変容を起こす）有効な施策だったのか否かを「検証」するのです。

営業にできるのは、お客様の認識を変えること〝だけ〟です。そのために、まず商談を通して仮説の検証を繰り返し、お客様の頭と心の中を深く理解していきます。成果に再現性をもたらすうえで、リサーチが有効である理由は、ここにあるのです。

あなたの会社の商品・サービスの価値は、お客様が教えてくれる

マーケティングの世界では、いまは**「一人十色」**の時代、つまり、同じ人が複数の価値観を持ち、1つのシーンにおいても複数の商品・サービスを選ぶ時代だと言われています。

ほかにも、イノベーションに関する著作で知られる経営学者のクレイトン・クリステンセン教授の『ジョブ理論』（ハーパーコリンズ・ジャパン）では、次のようにも。

ミルクシェイクが提供している価値が、車通勤のビジネスパーソンにとっては「退屈しのぎ」であり、休日のお父さんにとっては「優しい父親の気分を味わう」であるなど、その商品・サービスが使われるシーンや、使う人によって、感じる価値は複数存在すると述べられています。

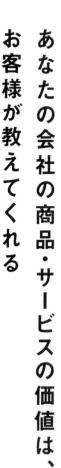

インターネットやスマートフォンの普及によって、1人の人が得られる情報量は膨大になりました。現代人が1日で受け取る情報量は、平安時代の一生分であり、江戸時代の1年分とも言われています。お客様にも、日常のいろいろなシーンで触れるさまざまな情報が自身の価値観の形成に大きく影響を与えています。

そのような状況下で、お客様に選ばれるために、あなたの会社の商品・サービスの「特徴」や「メリット」を伝えるだけではそれほど効果はありません。なぜなら、本書の冒頭で伝えた通り、どの商品・サービスであっても一定の満足感は得られるからです。

営業がお客様に伝えるべきは、あなたの会社の商品・サービスの「コンセプト（＝提供できる根源的な価値）」です。コンセプトを明確にするためには、**商品・サービスを使っている（使ったことのある）お客様の声を聴く**必要があります。

お客様にインタビューをしていて興味深いのは、「その使い方は想定していなかった！」「そんな価値を感じるのか！」などの気づきを得られることです。

とくに新規事業や新サービスなど、お客様にどんな価値を提供できるのかが定まっていないフェーズだとコンセプトが明確になっていないケースも多く、手探りの状態です。

そこで営業が確認すべきは、あなたの会社の商品・サービスを「どんなときに使ったのか」

「（使ったことで）どんな変化があったのか」「（使用体験を通じて）気づきはあったのか」「（その変化や気づきを）商品・サービスのどこで感じたのか」です。

ポイントは、発言の裏側にある文脈や想い、考え方などに興味を持ち、**「なぜそう感じたのか」という背景や理由を深く掘り下げること**です。

人の「行動」は、何らかの情報に対して生まれた認識のアウトプットとして起こります。つまり、お客様の発言や態度はすべて、何らかの認識が生み出すものなのです。

しかし普段、お客様は自分の行動の背景まで意識しながら生活していません。だからこそ、「お客様が自らの認識を言語化することは非常に難しい」という前提に立ち、背景や理由を深く掘り下げる必要があります。

また、一度話を聴いてお客様が感じている価値を理解したつもりでも、「お客様の背景や状況の変化によって、発言や行動、感じる価値が変わる」こともあります。

たとえば、B2Bの営業でよくあるのは、業績が良いときには費用対効果を〝気にしていなかった〟お客様が、業績が悪くなると急に費用対効果を〝気にするようになる〟などの例が挙げられます。

これは、業績の変化によって**お客様の価値の感じ方やとらえ方が変化したことが原因**です。

Ｂ２Ｃの営業でも同様です。景気が悪くなったり、あるいはお客様の懐事情が良くなかったりしたときに、急に「この商品は高い！」とお客様が言いはじめるようなことがあります。

そのときに確認すべきは、本当に感じる価値が変わったのか、業績が悪化したなどの状況の変化による焦りなどの一時的な感情がそうさせているのかということです。

そこを営業が理解していないと、たとえばサブスク的な契約のサービスで、営業が「退会（解約）しないだろう」と思っていたお客様から、「退会（解約）します」という青天の霹靂《へきれき》の連絡がくるということが起こりかねません。

大事なのは、**お客様に一度聴いて終わりではなく、何度もコミュニケーションを繰り返す**ことです。お客様に行動の背景や理由、想いや考えを聴き、そのうえで、こちら側も仮説とともに考え方をぶつける。これを繰り返すことによって、あなたの会社の商品・サービスの根源的な価値（＝コンセプト）が見えてきます。

そのためにも、営業は「日々お客様の状況が変化すること」を念頭に置き、**商談などのコミュニケーションを通して常にお客様の〝現状〟をキャッチアップし続ける**ことが必要なのです。

商品・サービスに対する〝お客様の反応〟から次の一手のヒントを得る

営業は、商品・サービスを〝**売りっぱなし**〟にしてはいけません。

なぜなら、購入（契約）時、購入（使用）後のお客様の声に、今後成果を出し続ける（＝お客様に選ばれ続ける）ためのヒントがたくさんあるからです。

そのヒントを得るためにやるべきは、**「①購入（契約）に至った経緯」と「②購入（契約）前の期待値とのギャップ」の2つを確認すること**です。これらを確認・理解することは、今後の営業活動にとって大きな糧になります。

まずは、①に関連して「なぜお客様が、あなたの会社の商品・サービスを選んでくださったのか？」の確認です。

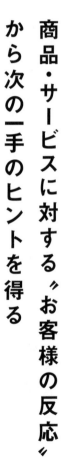

これは時間が経てば経つほど、お客様の記憶が薄れ、曖昧な回答になるので、購入（契約）が決まったらできるだけすぐに確認しなければなりません。お客様に聴くべき項目は、次の3つに代表されます。

1 どのような検討プロセスをたどったのか
（態度変容が起こったきっかけ、比較検討の軸と迷ったポイント）
2 商品・サービスや営業とのコミュニケーションにおける充足／未充足ポイント
3 あなたの会社の商品・サービスに期待したこと、最終的な決め手となったポイント

このように、お客様があなたの会社の商品・サービスを選ぶという**お客様の意思決定に至るまでの思考プロセスを、背景や理由を踏まえて理解していきます。**

お客様が意思決定に至るまでのプロセスを整理することで、お客様の「検討」という行動を前に進めるためにキーとなる情報や、お客様が代替手段として挙げる商品・サービス、あなたの会社の商品・サービスの独自性などを今後のコミュニケーションに活かすことができます。

とくに、購入（契約）時の期待値と決め手や、営業のコミュニケーションで足りなかった要素は、次回以降の商談内容や営業ツールの磨き込みに役立ちます。

お客様が商品・サービスの比較検討の際に迷ったポイントを、次回以降、より魅力的かつ重点的に伝えることができれば、失注のリスクを最小限にすることができるのです。

次に、②に関連した「購入（契約）時に期待していた価値を、商品・サービスが提供できているのか？」の確認です。

これは、時間の経過とともに、感じる価値や活用方法が変化するので、利用開始から1カ月、3カ月、半年、1年と、定期的に確認することが効果的です。そのときにお客様に聴くべきは、次の3つです。

1 購入（契約）前に期待していた価値を商品・サービスが提供できているか

2 （期待値に届いていない場合）なぜなのか／何があれば満たすことができるのか

3 購入（契約）時に期待していた価値と、利用して感じた価値にギャップはないか

とくに確認することは、時間の経過による商品・サービスに感じる価値の変化や、使い方の変化です。それによって、**お客様が目指す状態の実現に向けた商品・サービスの活用方法などのチューニングのヒントが得られます。**

また、定期的に状況を確認することで、サブスク的な商品・サービスならば解約につながるリスクを事前に把握し、商品・サービスの改善やコミュニケーション方法の見直しなどの施策のヒントにもなるのです。

お客様が商品・サービスを購入（契約）する意思決定をするときには、解決したい課題があります。お客様はその課題を解決できると信じて、商品・サービスへの期待に対して代金を支払ってくださっています。

だからこそ、**商品やサービスがお客様の期待値に満たない場合、どうやったら満たすことができるのかを考えるのは、営業の責務**です。

あなたの会社の競争優位性を磨き続けるためにも、お客様の声を集め、社内に共有することで、お客様の期待に応えることを会社全体で考え抜く必要があるのです。

リサーチで目指すべきは「お客様のことが手に取るようにわかる状態」

お客様を対象にしたリサーチを通して営業が目指すのは、「お客様のことが手に取るようにわかる状態」です。

あなたがどんな言葉を発したらお客様からどんな言葉や反応が返ってくるのか。それがわかるようになると、お客様とのコミュニケーションの方法や、お客様に提供しなければならない価値がより明確になります。

「手に取るようにわかる状態」は、**〝家族に対しての理解のレベル〟**と近いです。

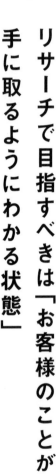

家族に対しては、どんな言動に対して、どんな反応をするのかの想像がしやすいはずです。なぜなら、日常のコミュニケーションを通して、頭と心の中を深く理解しているからです。

この話をすると、「継続的にお客様と接点を持てるB2Bの営業の場合にのみ当てはまるのではないか？」と疑問に思われる方もいらっしゃると思います。しかし、売り切りの商材が多いB2Cの営業であっても、住宅・不動産やブライダルのような初回接客から契約まで時間がかかる商材や、アパレルや飲食店のようなリピートの多い商材であれば、お客様とのコミュニケーションの回数は多くなります。

つまり、B2Bの営業もB2Cの営業も、コミュニケーションを通じてお客様の理解を深めていくことで、受注率やリピート率、紹介率を上げる（＝お客様があなたの会社の商品・サービスを選び続ける）ことが可能になります。

じつは、**リピート率に影響するのは「Satisfaction（満足）」ではなく、「Effortless（楽さ）」であると**言われています。

どれだけ満足度が高かったとしても、購入（契約）までのやりとりや、決めてから引き渡しまでのやりとりで手間がかかると、リピートや紹介にはつながりづらくなります。

いくら良い商品・サービスを提供していたとしても、話が通じない、お客様の要望を汲み取れない営業では、一度は選んでいただけたとしても、リピートはもちろん紹介は起こりづらくなります。

反対に、商品・サービスとしては少し劣っていたとしても、お客様の要望を汲み取り、言わなくても求めているものが出てくる営業であれば、リピートや紹介は起こりやすくなります。

要するに、営業がお客様のことを手に取るようにわかる状態になることで、お客様にとってのコミュニケーションコストが圧倒的に下がり、発注のしやすさが増すのです。

プロローグで紹介した、マクロミルと大手消費財メーカーの取引を立て直した事例も同様です。私たちのチームは、お客様との接点の量と質にこだわり、過去の発注内容や発注経緯、担当者の性格や要求水準を徹底的に理解することを目指した結果、よりマクロミルに発注しやすくなる状態を実現できたのです。

つまり、「お客様との接点を増やし、お客様の理解を深め続ける」ことが、「お客様があなたの会社の商品・サービスを選び続ける」という営業の成果に直結するということです。

ただし、勘違いしてはいけないのは、**営業とお客様は、決して主従関係ではなく、持ちつ持たれつのフラットな関係である**ということです。

だからこそ、**お客様にも「営業（＝あなた）について理解してもらうこと」**も、あなたがお客様のことを理解するのと同様に重要です。お客様と良い関係性を保ち、お互いに良い成果を出すためには、お客様との相互理解がとても大切であることを、すべての営業に認識してほしいのです。

マーケティング×リサーチを活用したお客様との接点が、成果の再現性につながる

本章では、「お客様の頭と心の中を深く理解すること＝リサーチ」について話を進めてきました。リサーチの考え方を理解し、営業活動に活かすことができれば、お客様とのコミュニケーションの精度は確実に高まります。

そして、第1章で説明した「マーケティング」と第2章で説明した「リサーチ」をかけ合わせることで成果の再現性も高まる、というのは私自身の経験から確信しています。

なぜなら、私自身がマクロミルに入り、「マーケティング」と「リサーチ」の考え方を理解し、営業・マネジメントに活用するようになってから、お客様やメンバーとのコミュニケーション、売上やメンバーの成長という成果が大きく伸長したからです。

ただし、ここまでの内容を本気でやろうとすると、必然的にお客様との接点に使う時間は多くなりますし、1つの商談に対してそれなりの事前準備の量と質が求められます。

それでも、「お客様に選び続けていただく」というゴールに到達したいのであれば、「マーケティング」と「リサーチ」という2つの考え方をベースにして、1人ひとりのお客様に向き合うことを日々のリソースの中心に置いてください。

そして、「与件の整理」という事前の準備と商談後の振り返りを徹底し、お客様の頭と心の中を深く理解する（＝リサーチ）ために必要な「刺激」と「検証」という材料をたくさん集めてください。

これらを丁寧に繰り返し、お客様の理解が深まれば深まるほど、「お客様があなたの会社の商品・サービスを選ぶ」という行動が起きる確率が高まるのです。

次の第3章では、これまでに述べてきたマーケティングとリサーチの考え方をベースにして、私が提唱している**「循環型営業サイクル」**という営業の型について説明します。私自身が、組織・個人の成果を上げ続けるための試行錯誤の末にたどり着いた、マーケティングとリサーチの考え方を活用した、私なりの「営業の型」です。それでは、次からその核心に迫っていきましょう。

第3章

成果に再現性をもたらす「循環型営業サイクル」

「営業力」＝「マーケティングスキル×リサーチスキル」

第1章で「営業とはマーケティングである」、つまり営業の仕事は、お客様の認識を変えることで必然的に選ばれ続ける状態をつくることと説明しました。そのために営業に必要なのは、「マーケティング」の考え方を理解し、うまく活用することです。

あなたの会社の商品・サービスが向き合っている市場にはどんな人がいるのか、その中で誰を幸せにしたいのか、その人にとってどんな存在になるのか、その人の認識をどのように変えることがあなたの会社の商品・サービスを選んでいただくことにつながるのか、選んでくださったお客様により満足いただくために何を磨くべきなのかを深く考え、施策に落とし、実行するスキルが求められます。

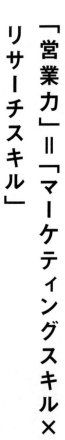

第2章では、（成功する確率の高い施策を打つべく）お客様の頭と心の中を深く理解するための**「リサーチ」**について説明してきました。お客様の頭と心の中を深く理解するためには、与件を整理し、どのようなリサーチの材料が必要なのか（「刺激」と「検証」）、その材料を集めるにはどのようなリサーチ手法が適しているのかを考え、実行するスキルが求められます。

私は、**「営業力」**を構成する要素を「マーケティングを理解・活用して、お客様に必然的に選ばれる状態をつくるスキル（＝マーケティングスキル）」と「リサーチに必要な材料を集め、お客様の頭と心の理解を深めるスキル（リサーチスキル）」だととらえています。

インターネットが発達する前は、商品・サービスに関する情報は、お客様よりも営業のほうが多く持っていました。そのため、営業とお客様の間にある情報格差（＝情報の非対称性）を利用して、お客様に「売り込む力」「決めさせる力」が重要視されていました。

現在、誰でも簡単にさまざまな情報にアクセスが可能になった結果、商品・サービスについて、お客様が自ら検索して集めた情報で、認識が確立されるようになりました。

それに加えて、商品・サービスの数も増え、どの商品・サービスでも一定の満足感を得られるようになったことで、営業にとって自社を選んでいただくための難易度が高くなってきています。

そのような環境で、あなたの会社の商品・サービスが選ばれるためには、〝営業が〟「売り込む力」「決めさせる力」という営業を主体とした能力ではなく、〝お客様を〟「深く理解する力」「（あなたの会社にとって望ましい認識に）導く力」という**お客様を主体とした能力**が求められるのです。

私は新人の頃、リーダーから**「営業の極意は、営業しないことだ」**と言われましたが、当初、この言葉の意味がよくわかりませんでした。営業は「売る」のが仕事だと思っていたからです。しかし、営業が自社の商品・サービスを「売りたい」という想いは、お客様には関係ありません。お客様にあるのは、あくまで「自分が抱えている課題を解決したい」という想いだけ。だからこそ営業がやるべきは、お客様の課題を解決する選択肢として、あなたの会社の商品・サービスを選んでいただくことです。

当時のリーダーの言葉の真意は、「商品・サービスを〝**売ること**〟**を目的にするのではなく、お客様から選ばれる状態に〝導くこと〟を目的にしなさい**」ということだったのです。このことはまさに営業に求められる、お客様に必然的に選ばれ続ける状態をつくる（＝マーケティングスキル）、お客様の頭と心の中を深く理解する（＝リサーチスキル）という2つのスキルと重なるのです。

成果に再現性をもたらす「知る」「攻める」「創る」という循環型営業サイクル

成果を出し続けるために必要なのは「営業力（＝マーケティングスキル×リサーチスキル）」を磨き続けることである、という説明だけでは、本書のテーマである「成果に再現性をもたらす法則」を解き明かしたことにはなりません。

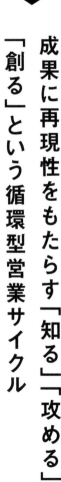

なぜなら、「成果の再現性」は、「営業力」をベースとした日々の「営業活動」によってもたらされるからです。その営業活動が、これから説明する**「循環型営業サイクル」**です。これは、私がマクロミル時代に組織方針として掲げていたことが原点になっています。

マクロミルに入社した当初、組織の売上再建を任された私は、なぜ売上が伸び悩んでいるのか、売上を上げ続けるため、つまりお客様に選ばれ続けるためにはどのような行動が必要なのかについて考えていました。

まず気づいたのは、営業組織内の会話が、「この案件が受注できたのか／できなかったのか」という〝結果のモニタリングが中心〟であるということです。

これまでマクロミルでは、お客様からの相談によって売上が順調に伸びていました。その結果、目の前にある案件の受注にのみ焦点が当たることで、自ら案件を生み出す発想が生まれにくくなり、お客様から声がかからなければ売上が上がらないという、いわゆる〝待ち〟の状態になっていました。このことが売上が伸び悩んでいた原因でした。

あらためて自分がこれまで日々の営業活動でやってきたことを棚卸ししていくなかで気づいたのは、「営業の仕事は、お客様に価値を伝え続け、お客様に選ばれ続けることであり、売上は営業活動がうまくいった結果」だということ。さらに、成果を出し続けるためには**「お客様を深く知ること（知る）」「提供価値を伝えること（攻める）」「新たな価値提供の方法を創ること（創る）」**という3つの繰り返しだということです。

これらの気づきをもとに、「循環型営業サイクル」という発想にたどり着いたのです。

「循環型営業サイクル」を具体的に説明すると、次の5つのSTEPからなります。

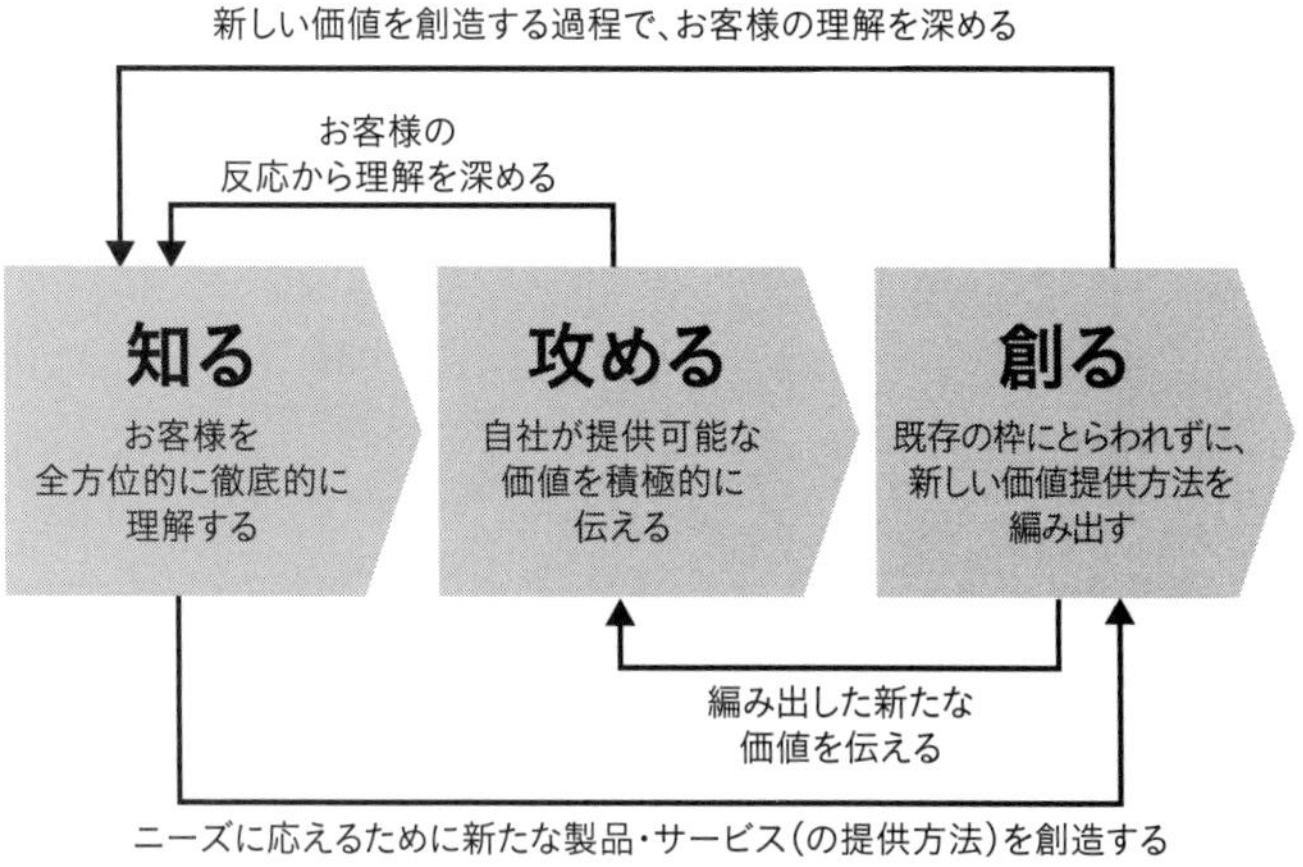
新しい価値を創造する過程で、お客様の理解を深める
お客様の
反応から理解を深める
知る
お客様を
全方位的に徹底的に
理解する
攻める
自社が提供可能な
価値を積極的に
伝える
創る
既存の枠にとらわれずに、
新しい価値提供方法を
編み出す
編み出した新たな
価値を伝える
ニーズに応えるために新たな製品・サービス(の提供方法)を創造する

STEP①：お客様を全方位的に徹底的に理解する（知る）
STEP②：理解した内容をもとに、自社が提供可能な価値を積極的に伝える（攻める）
STEP③：お客様の反応から理解を深める（知る）
STEP④：既存の枠にとらわれずに、新しい価値を提供する方法を編み出す（創る）
STEP⑤：編み出した新たな価値を伝える（攻める）

ただし実際には、STEPとSTEPの間に明確な境い目や順番はありません。図のように

「知る」「攻める」、「知る」「創る」「攻める」を繰り返すことによって、お客様のことを徹底的に理解し、価値を伝えるというサイクルとなり、お客様から選ばれ続ける状態を実現できるのです。

営業活動は、毎日続きます。1回の商談で受注できることは少ないですし、お客様に選ばれ続ける状態は一朝一夕では実現できません。だからこそ、〝**循環型**〟であり、〝**サイクル**〟を意識した営業活動が必要なのです。

営業に関する本などに書いてある営業プロセスは、「受注（クロージング）」をゴールとした流れを解説しているものが主流です。しかし、営業は一度受注したら終わりではなく、成果を出し続ける（＝お客様に選ばれ続ける→売上を上げ続ける）ことが求められます。

また、営業に関する本やセミナーでは、「攻める（＝価値を伝える）」に主眼を置いた内容が多いですが、お客様への提供価値を最大化するためには、**お客様を「知る」ことからはじめなければなりません。**

ただし、一度の商談でお客様のすべてを理解することはできません。商談前に集めた事前情報をもとに仮説を構築し、あなたの会社にできることを考え、提供価値を積極的に伝えることによって、はじめて見えてくることもあります。

さらには、商談で得たお客様の反応を、リサーチのための「刺激」と「検証」の材料として活用し、理解を深め続けることが求められます。

営業活動をしているなかで、お客様にあっさり断られることもあるかもしれません。しかし忘れてはならないのは、**一度断られたらそれで終わりではない**ということです。

もし断られた要因に、あなたの会社では（いまは）できないことがあるのであれば、それを実現するためにはどうしたらいいかを考え続けます。

また、断られた要因が、あなたの伝え方なのか、商品・サービスの機能として足りないものがあるということなのかを見極め、選んでいただくために何が必要なのかも考えます。

そして、「伝え方（提案内容）を磨く」、または「商品・サービスの改善の要望を開発部門に共有し、提供価値を磨く」ことで、お客様により選ばれやすい状況を「創る」ことを目指すのです。

私がマクロミルに入社した当時の営業組織に足りなかったのは、お客様を「知る」ことでした。お客様のことがわからなければ、お客様に提供すべき価値がわかりません。

しかし、当時の組織は、お客様からの案件相談（＝問い合わせ）で一定の売上がつくれていたからこそ、お客様を**「知る」**ということに意識が回っていなかったのです。

私が現在関わっている住宅・不動産業界においても、（営業の）お客様についての理解が足りない（＝「知る」が足りない）からこそ、本当は自社で叶えられる要望を取りこぼしていたり、良い物件を提案できずにお客様を逃していたりするケースは多く見られます。

そのようなことからも、この「循環型営業サイクル」において最も重要なのは、**お客様を「知る」こと**です。私が営業に関する講演や研修などで**「すべては〝知る〟からはじまる」**と述べている理由も、ここにあります。

「課題」を抱えていない人は、世の中に１人もいない

「循環型営業サイクル」の具体的な話に入る前に、営業に携わるすべての人に、前提条件として理解していただきたいことがあります。それは、**「世の中に、課題を抱えていない人は１人もいない」**ということです。

「課題」とは、理想と現状のギャップ（＝問題）を解消するために、やらなければならないことです。

たとえば、理想の体重が65キロで、現在75キロの人がいたとしたら、理想の体重までマイナス10キロという「問題（ギャップ）」を解消するために、「摂取カロリーを減らす」「消費カロリーを増やす」などの「課題」を設定します。

「問題」は現状から「発見するもの」であり、「課題」は「問題」を解消するために「設定するもの」です。その設定された「課題」を解決する打ち手として、「ジムに行く」「糖質制限をする」の行動が選択肢として挙がるのです。

なぜ、「課題」を抱えていない人が世の中に1人もいないのか。それは、すべてのことが理想通りになっている人（＝問題がない人）は世の中にいないからです。つまり、「問題」がある以上、それを解消するための「課題」が存在しているのです。

B2Cの商材のお客様は、日常生活のなかで何かしら気になることを抱えています。

たとえば、「リモートワーク中心になったが、家族の生活音が気になって集中できない」など、環境や状況の変化によって、「問題」は発生します。しかし、その「問題」を解消するために、どのような「課題」を設定するかはお客様によって異なります。

リモートワークの例であれば、「周りの音が気にならずに集中できる環境を探す」「家族の生活音が気にならない方法を考える」「生活音を気にせずにリモートワークができる家を探す」などの「課題」の設定パターンがあります。

だからこそ、お客様の理想と現状のギャップ（＝問題）を明らかにしたうえで、あなたの会社の商品・サービスにつながる「課題」を、お客様に設定してもらわなければならないのです。

B2Bの商材の場合、クライアントの企業が掲げる理想と現実のギャップ（＝問題）を埋めるべく解決するための「課題」が、お客様の役割（ミッション）となるケースがほとんどです。ただ、お客様の役割（ミッション）の難易度は、お客様の能力だけでクリアできるものよりも高く設定されがちです。そこで、外部パートナーである営業の存在意義があります。

しかし商談をしていると、「課題はありません」とお客様に言われることがあります。そのときのお客様の心理状態は、次の3つのうちのいずれかです。

1 そもそも問題に気づいていない（問題だと思っていない）
2 問題には気づいているが、課題設定ができていない（解消したいと思っていない）
3 あなたに頼って解決できる課題はない（課題設定があなたの会社の商品・サービスで解決できるものではない）と思っている

にもかかわらず、お客様の言葉を真に受けて、「課題はないみたいです」と商談から帰ってくる営業は少なくありません。お客様から「課題はない」と言われたあと、状況が変わったことを確認せずに、そのままにしている営業もいます。

また、「課題を拾うことができなかった」という営業の認識によって、そのお客様への足が遠のき、結果として、その後ろめたさが時間の経過とともに積み重なり、どんどん腰が重くなっているというケースもよくあります。

なぜお客様と会わなければならないのか?

それはお客様の状況を確認できていなかったり、あなたの会社の商品・サービスを紹介できていなかったりすることが原因で、**お客様に機会損失を与えることがあってはならないから**です。

お客様の状況は日々変化します。そして、状況が変われば、新たな問題が発生したり、問題を解消するための課題が設定されたりします。

「問題」が発生した瞬間、「課題」が明確になった瞬間にそばにいる営業は、必然的にお客様に選ばれる確率が高くなります。

だからこそ、営業はお客様との接点を大事にし、お客様を理解すること(=知る)、お客様に価値を提供すること(=攻める)、提供価値を進化させること(=創る)の3つをひたすら繰り返すことが必要なのです。

「時系列」「コミュニティ」「現場」という3つの視点でお客様を理解する――【知る】

営業活動のすべては**「知る」**ことからはじまります。そこで営業がやるべきは、リサーチ（＝お客様の頭と心の中を深く理解すること）です。

最初に営業が集めるリサーチの材料は、**「時系列」「コミュニティ」「現場」**という3つの視点によるお客様の情報です。

これらの視点でお客様を立体的にとらえることにより、お客様の全方位的な理解につながります。これは、B2Bの営業もB2Cの営業も同様です。

まず、**「時系列」という視点**です。

Ｂ２Ｂの営業の場合は、お客様が所属している企業の意思決定の歴史やこれから目指す未来を知ることです。材料としては、企業の沿革や、役員陣の経歴、組織編成の変化などの情報が挙げられます。

企業がこれまで歩んできた道は、あらゆる意思決定の連続です。そして、その背景には、そのときの経営陣の想いがあります。

たとえば、ホームページの会社沿革に載っているのは、会社ができてからこれまでにあった出来事の中で、表に出したいものです。その出来事を載せた理由や、載っている出来事の共通項が、企業が大事にしてきたことを理解する材料となり、この先どんな未来を描きたいのかを理解するヒントになります。

また、役員陣の経歴を確認することで、どの部門（営業、開発など）の出身者が多いかの情報から、どの組織で成果を出すことが重視されているかを理解できます。

さらに組織編成の変化は、その時期に企業が目指していたこと、課題として設定されていたことが、組織名などに反映されています。

これらの情報から、お客様が所属している企業が、大事にしてきたこと、意思決定の軸の理解を深めることが「時系列」という視点です。

これは、就職活動の「自己分析」と似ています。自己分析に必要なのは、過去の自分の選択の背景に、どのような価値観や認識があるのかを探り、そのうえで自分が将来どんな職業に就き、どんな会社に入ることが幸せなのかを徹底的に考える作業です。

企業も同様です。企業を存続させるために選択してきた行動（役員登用、組織編成など）の背景には、企業の価値観や信念があります。それらを理解することで、あなたの会社の商品・サービスの価値の伝え方が大きく変わるのです。

B2Cの営業にとっての「時系列」という視点は、お客様の過去の選択や意思決定で大事にしてきたことや価値観、判断基準を理解することです。また、これから先、何を大事にし、どんな生活を送りたいのかも理解する必要があります。

たとえば住宅の営業であれば、「過去に住んできた家の変遷」や「これまでの住宅探しの経緯」「今後の人生で大事にしたいこと」などの情報が、お客様の「住まいに求めること」を理解するための材料となるのです。

次に、**「コミュニティ」という視点**です。

B2Bの営業の場合、「組織視点」と、とらえるとわかりやすいと思います。

これは、企業の経営陣の目標や関心事、優先順位を、決算発表資料や経営陣・キーパーソンへのインタビューなどを通じて理解することです。

経営陣の関心事と優先順位によって、お客様（＝担当者）が抱えている課題の重要度と、その課題解決に対しての投資金額、意思決定のスピードが左右されます。あなたの会社の商品・サービスが、優先順位の高い課題解決の施策として有効なものであれば、投資によって得られる効果が高いため、ビジネスチャンスは大きくなります。

トップアプローチと呼ばれる、経営陣やキーとなる部署の組織長に直接話を聴きにいくことは、「組織視点」の理解に必要な材料を集めるための行動です。

現場担当者としか会っておらず、組織視点の理解が浅いままだと、担当者とは合意できている提案が通らない、急に契約解除を申し出されるということが起こります。そうならないためにも、「組織視点」の理解に必要な情報を常に集めます。

B2Cの営業にとっての「コミュニティ」という視点は、「お客様の〝意思決定に関与する人たち〟（＝コミュニティ）の間での関心事や優先順位を知る」ことです。

たとえば、住宅の営業であれば、お客様のご両親やお子さんなどを含めた「家族」が、どのような家を望んでいるのか、駅からの距離や部屋の広さ、価格など、どのような要素の優先順位が高いのかを確認しておきます。

もしお客様ご本人の話に、（資金援助をしてくれる）ご両親の意見が強く反映されている場合、その情報を押さえておかなければ、最後の最後でご両親から反対されたり、資金援助をしてもらえずに「買えなくなる」という事態が起こったりしかねません。

結婚式場の営業であれば、お客様はご両親のほかに会社の上司や友人・知人に気を遣わなければならないかもしれません。アパレルであれば、お客様の周りにいる友だちや恋人の好みがお客様の意思決定を左右するかもしれません。

だからこそ、お客様の意思決定に関与する人たちの関心事を集めることで、お客様に選ばれる確率が上がるのです。

そして３つ目が、**「現場」という視点**です。

Ｂ２Ｂの営業にとって、目の前で対峙しているお客様の組織に求められていることや達成基準、その納期を理解することです。情報源は、担当者へのインタビューがメインですが、お客様の部署名や役職という名刺からわかる情報だけでもヒントとなります。

また、提案の精度を上げるために、課題が発生する前後にも着目します。いままでどうしてきたのか、今後どのようなことを実現したいのかという情報を集めることで、お客様の課題が発生した経緯や、解決策に対しての優先順位への理解を深めることができるのです。

B2Cの営業においても同様です。生命保険の営業を例に挙げると、お客様が「保障の手厚い生命保険を探す」という課題を設定したとしたら、その背景に何があるのか、その課題を解決したあとにどんなことを実現したいのかを理解する必要があります。

いままで健康に自信があり、がん保険や医療保険に入っていなかった人が、急に「保険を探そう」とするのは、「元気だった母親が急にがんで亡くなった」などの背景があるのかもしれません。そして、自分にもし何かあったときに、家族に迷惑をかけなくて済むようにしたいという想いがあるのかもしれません。

そのときに、「現場」の視点に加えて「時系列」や「コミュニティ」という視点で理解した内容を、提案・コミュニケーションに活用すれば、他社の提供価値（提案）と差別化することができます。

このように、お客様の現状だけに目を向けるのではなく、「時系列」「コミュニティ」「現場」の視点で周辺情報や背景情報を集めることが、お客様の深い理解につながるのです。

すべてのヒントは現場にある──【知る】

「事件は会議室で起きてるんじゃない、現場で起きてるんだ！」

これは、『踊る大捜査線THE MOVIE』に出てくる、主人公である青島刑事のセリフとして有名な言葉です。情報ばかり求めて意思決定できずにいる捜査本部に対して、青島刑事が発したこの言葉は、**「現場」**の重要性をとてもよく表しています。

また、トヨタ、ホンダ、花王などの国内大手企業も**「三現主義（現場・現物・現実）」**を掲げ、現場に出向き、現物を見て現実を視ることを重視していますが、営業もまったく同じです。

インターネットや誰かから聞いた情報を鵜呑みにして、その情報だけで判断するのではなく、商談やお客様の自宅や職場などの「現場」に自ら数多く足を運び、お客様との接点を持つことが大切です。

私がリクルートに在籍していた当時、営業にとっての最難関表彰だった「ＴＯＰＧＵＮ ＡＷＡＲＤ」には、**「すべては顧客接点から」**というキャッチコピーがありました。

「ＴＯＰＧＵＮ ＡＷＡＲＤ」は、人材・飲食・旅行・結婚・住宅などリクルート全事業領域の営業を対象にした、全社約2万人の従業員から年間10人が選ばれる表彰です。

そして、各事業領域内の厳しい審査と、リクルート全社の役員会議で表彰者が選出され、自身のプロジェクトの取り組み内容についてプレゼンするのですが、プロジェクトがはじまるきっかけはどれも現場にある小さな日常の出来事からなのです。

現場に足繁く通い、お客様との対話を重ねることで、小さな変化に気づくことができるようになります。その小さな変化に着目し、深く掘り下げていくことで、大きな課題にたどり着くことができるのです。

私が２０１４年に「ＴＯＰＧＵＮ ＡＷＡＲＤ」を受賞したプロジェクトもそうでした。

２０１２年4月、関西に異動直後、『ＳＵＵＭＯマガジン』という集客の柱であった住宅情報の紙媒体が休刊になり、私は代替策を模索しているお客様の担当になりました。

課題となっていたのは、30年以上販売が続いているニュータウンの集客の改善でした。提案を考えるために毎日のように現場（街）に通い、街の魅力を探し続けているうちに、「この街の魅力をもっとたくさんの人に伝えたい」という想いが芽生えてきたのです。

しかし、そんな素敵な街であるにもかかわらず、インターネットの掲示板に、住民からのさまざまな不満の声を発見します。そのときに、「なぜこんなに不満の声が上がっているのだろう？」という疑問を抱いたことが、プロジェクトのはじまりでした。

とはいえ、リクルートの本業は「販売促進支援（＝広告集客）」です。お客様の街に対する不満を解消しながら、集客につながる施策について考えを巡らせる日々が続きました。

住民からの不満の声の真意を紐解くために、街の歴史をさかのぼり、住民やお客様（不動産会社）の声を直接集めるなかで、開発の背景や、街づくりの方針の変化、住民同士の世代間ギャップなどが、さまざまな問題を引き起こしていることがわかりました。

そして、その声の裏にあるのは、「〝世界に誇れる街づくり〟というコンセプトに惹かれていたのに、街づくりの方針や開発計画が変わってしまった」ことを残念に思う住民の気持ちだということに気づいたのです。

ただし、開発計画を大きく変えることはできません。そこで、〝変えられること〟と〝変えられないこと〟に着目した私は、「住民の満足度を引き上げることで、住民の街に対する誇りを取り戻すことができないか」「それを新たな街の魅力として広告に活かせないか」「それらを同時に実現する施策を実行できないか」ということを考えました。

そして、不動産会社・街の住民・地域の学生を巻き込んだ、街の魅力を引き出すための住民の交流イベントを企画・実行し、大きな成果を生むことができたのです。

しかし、考えや想いの異なるさまざまな立場の方々を巻き込むこの企画は、いろいろな反発も生みました。その間、何度も現場に足を運び、たくさんの方々とコミュニケーションを繰り返した結果、全員が納得する企画へと昇華し、構想してから2年後にイベントが実現できたのです。

インターネットで調べた情報や、SNSで目にした内容、誰かから聞いたことが、実際に見ると違っていたということはよくある話です。

だからこそ、「現場」に出向き、現物を確認し、現実を見ること。事前に手に入る情報から構築した仮説を、お客様へのインタビューなどの定性調査によって「検証」し、さらなる理解を深めるための「刺激」としての材料を集めることが大切です。多少、前時代的と思われるかもしれませんが、この基本行動によって、お客様への理解を深め、提供価値を磨くヒントを得ることができるのです。

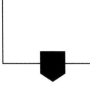

ニーズは探すものではなく、つくるもの──【知る／攻める】

「このお客様（商品・サービス）は買わない（売れない）」と、商談前から決めつけている営業。商談後、「このお客様（商品・サービス）にはニーズがない」と早々に判断している営業。

これらは、自分が売れない理由を、お客様や商品・サービスに押しつけている典型的なパターンです。

成果の出ていない営業に共通しているのは〝**見切りが早い**〟ということです。そして、そのような営業の多くは、売上を最大化するためには、**「ニーズがあるお客様を探すことが重要」**だととらえています。

たしかに、「どんなものがほしいか」というニーズが明確になっていて、すでに「あなたの会社の商品・サービスがほしい！」という認識になっているお客様を見つけることができれば、確実に選んでいただけるかもしれません。

ただし、現実にはそのようなことはまれです。だからこそ、お客様から望ましい反応がないときに、「このお客さんは買わない」「この商品・サービスは売れない」という認識になってしまうようでは、売上を最大化することはもちろん、お客様に選ばれ続ける状態を実現することはできません。なぜなら、お客様の**ニーズは「探すものではなく、つくるもの」**だからです。

この考え方を、図を用いて説明してみます。

一般的に営業がイメージするお客様のニーズは、次ページの図のうちの「重要かつ不満足」なものの部分を指します。

ところが実際は、左の図のように、4つの象限が均等になっているわけではありません。ほとんどのお客様が、「いま不満に感じていることはありますか？」と聞かれると、パッと出てきません。既存の商品・サービスやほかの選択肢で、ある程度ニーズが満たされているからです。

そのため、現実には、ニーズとしてとらえられる範囲は160ページの図のように非常に狭く、この狭いところを頑張って探すのは大変です。また、ここを狙うだけでは、あなたの会社

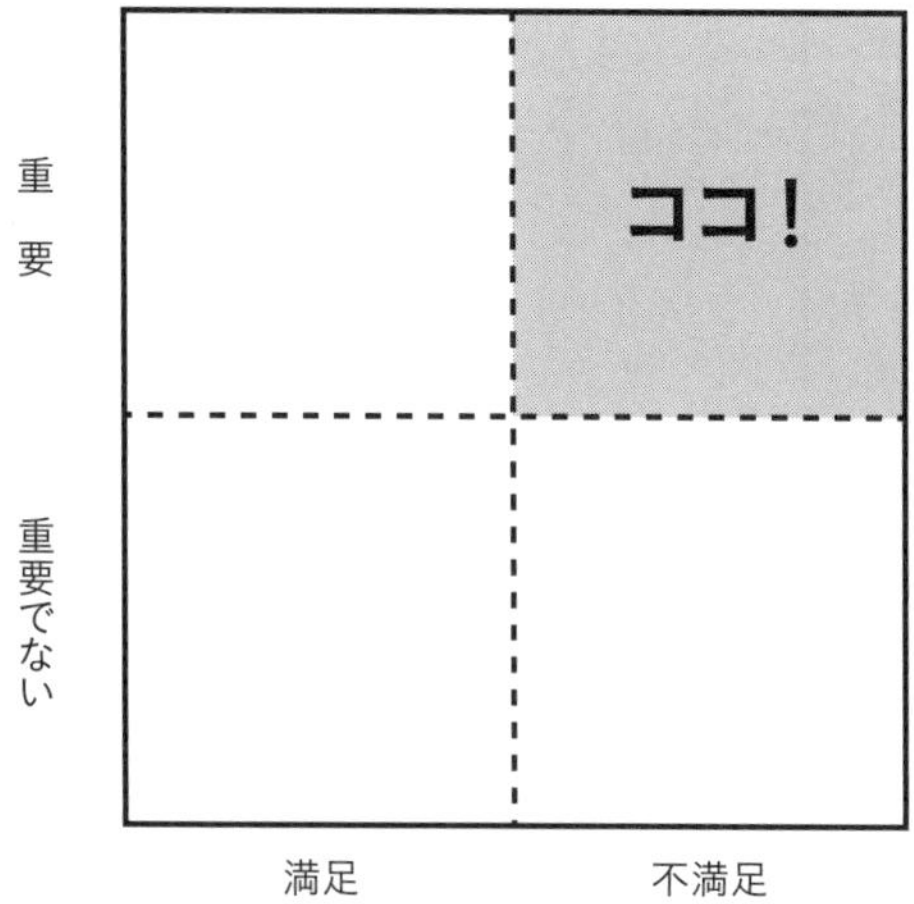

（参照：https://www.hojosen.co.jp/blog/1322/）

の商品・サービスが応えられるニーズは決して多くありません。

これが、「ニーズを探すだけでは、売上は最大化しない」という理由です。

お客様のニーズは、「重要度」が増すか、「満足度」が下がるかのどちらかで発生します。

たとえば、「家が狭いから、広い家に住み替えたい」というニーズは、いまの家に住みはじめたときから持っているわけではありません。すぐに住み替えたいと思うような家には最初から住まないからです。

そうではなく、「子どもが生まれた」「リモートワーク中心になった」などという現状の変化がお客様の認識を変えた結果、部屋数の重要度が上がり、家の広さへの満足度が下がったこと

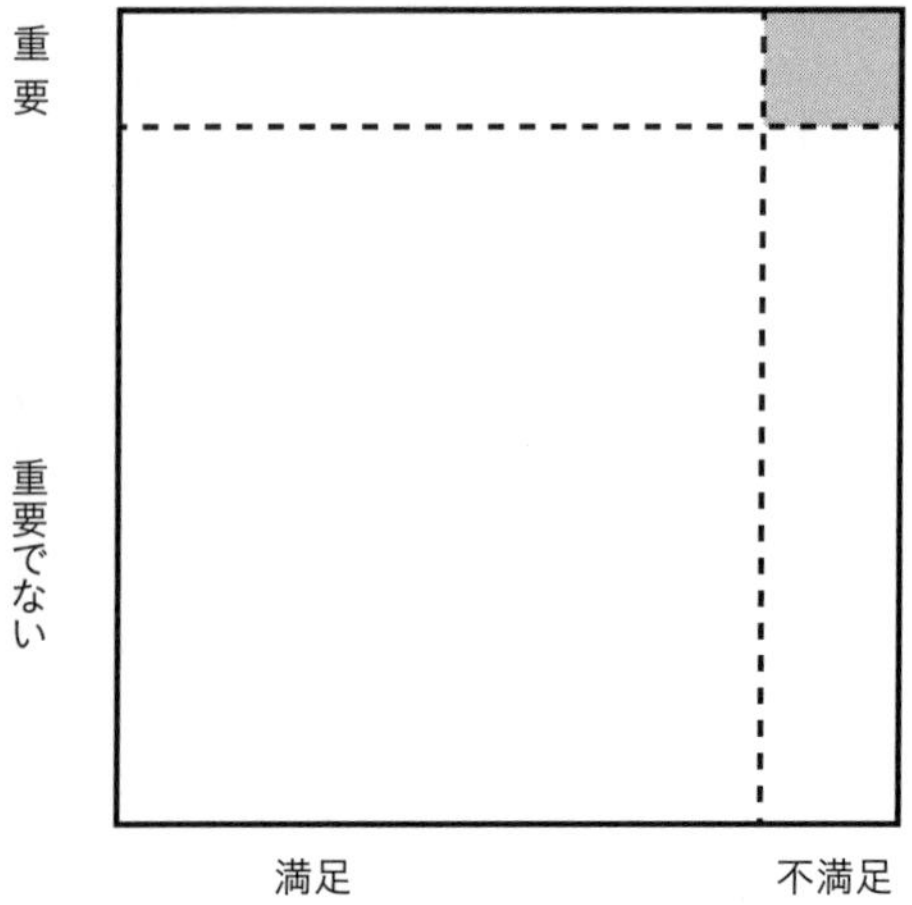

（参照：https://www.hojosen.co.jp/blog/1322/）

でニーズが発生したのです。

つまり、何らかの状況の変化によって認識が変われば、お客様の行動は変わるのです。

このお客様の認識に影響を与えることができるのが、商談を通しての営業のコミュニケーションであり、第1章で述べた「インサイト」です。お客様のニーズは、**「インサイト」によって、営業がつくるもの**なのです。

営業がお客様に提供した情報によって、お客様が「ハッとする」「グッとくる」状態を実現できれば、お客様の認識は変わっていきます。

その情報に対するお客様の反応をリサーチするための「刺激」として活用し、さらなる理解を深めることで、お客様に刺さるポイントがより明確になるのです。

商談では、お客様のニーズを喚起したうえで、自社の商品・サービスがお客様の課題を解決できる理由を伝えるという流れが理想です。しかし、多くの営業が、最初に商品・サービスの説明から商談をはじめています。なぜなら、研修時の営業のロールプレイング等で、「商品・サービスの説明」をひたすら練習させられているからです。

もちろん、商品・サービスについて理解し、魅力的な説明ができることは大事ですし、お客様の状況がわかっていて、刺さるポイントが明確であればそれでも問題ありません。ですが、とくに新規の商談の場合、お客様の課題をはじめ関心事や刺さるワード、また最適な伝え方などもわかっていないことがほとんどです。

だからこそ、お客様のことを理解したうえで、あなたの会社の商品・サービスが持つ価値や特徴のどこに力点を置いて、どのように伝えるべきかを認識してから説明しなければ、せっかくの良い商品・サービスも、お客様に魅力的に映りません。

「営業のコミュニケーションしだいで、お客様のニーズはつくれる」という認識のない営業ほど、「あのお客様（商品・サービス）にはニーズがない」と言って商談から帰ってくることになってしまいます。けれども、お客様や商品・サービスに「ニーズがなかった」のではなく、営業が**「〝ニーズをつくり出す〟コミュニケーションができなかった」**ということでしかないのです。

営業は「手数」が命――【攻める】

「下手な鉄砲も数撃ちゃ当たる」ということわざは、「1つがダメでも、たくさんやってみれば中にはまぐれ当たりもある」という意味として使われます。私は、このことわざを営業に当てはめる場合、**「数を撃っているうちに、どんどん精度が上がり、商談の成功確率が高まる」**という意味でとらえています。

「営業は手数が命」とは、まさにこのことを表しています。営業にとっての「手数」とは、すなわち「試行錯誤の回数」です。試行錯誤とは、お客様のことを考え、あなたの会社を選んでいただくために何ができるかを考え抜き、価値提供の方法を、**かたちを変えながら提案し続けること**です。

あなたの会社の商品・サービスには、あなたの会社にしか提供できない価値があります。

そして商品・サービスが、お客様にどのような価値を提供できるのかについて誰よりも知っているのは、現場で直接お客様の反応を見ている営業です。

あなたの会社の商品・サービスが目指す「ポジショニング」を確立し、「コンセプト」をお客様に魅力的に伝えるためにも、たとえ1回目の提案でうまくいかなかったとしても、あきらめてはいけません。

「最後まで…希望を捨てちゃいかん　あきらめたらそこで試合終了だよ」と『スラムダンク』で安西先生も言っているように、提案方法や提案内容を調整し、価値を伝え続けることが大切です。手数を打ち続けているうちに、お客さんのスイートスポット（興味関心のツボ）がだんだん見えてくるようになるからです。

お客様とのコミュニケーションを通して、**「伝える内容や伝え方の調整」と「提案の磨き込み」を繰り返すことが、営業にとって必要な試行錯誤**です。

イメージしやすくするために、1回目の提案後に、お客様に「一度あらためて検討してご連絡します」と言われたケースで考えてみます。

その後のお客様へのアプローチとして、どのようなことが想定されるでしょうか？

多くの営業が、**「検討状況の確認」**と答えます。しかし、「その後、状況はいかがですか？」とお客様に聞いたところで、たいていは「いま考えています」としか言われず、受注確度（受注できる確率）は上がりません。

なぜなら、お客様はそれまでの認識で意思決定をするので、その認識と「あなたの会社を選ぶ」という行動が紐付いていなければ、選ばれることはないからです。

そこで営業がやるべきは、1回目の提案に対するお客様の反応を材料に、お客様の認識を理解することに加えて、「あなたの会社を選ぶ」という行動に導くために必要な情報をお客様に提供し、受注確度を上げることです。

お客様の日々の生活には、たくさんの情報があふれています。そして、あなたの会社の商品・サービスにとっての競合他社はもちろん、見えない競合（＝別のアプローチで問題解決する会社）も多く存在します。そのような状況下でお客様に選ばれるのは、**〝お客様にとって〟最も魅力的な提案をして、「この人にお願いしたい！」と思われる営業がいる会社**です。

私は、マクロミルで過ごした6年間、個人の営業担当として参加したコンペでは一度も他社に負けたことがありませんでした。私がお客様に選んでいただけたのは、**提案内容の微調整を**

細かく頻度高く行っていたことが一番の要因だと考えています。

たとえば、「提案を考えているときに、電話で簡単に内容を伝えて反応を確認する」「お客様の反応を見ながら提案をチューニングする」など、お客様へのプレゼン前とプレゼン中の限られた時間で、提案を魅力的なかたちに進化させ続けていました。

また、自社ではできないことに対する要望があれば、できないことをお伝えしたうえで、「自社にできることの中で、その要望をどうやって実現するのか」をお客様と一緒に考えたりもしました。そうすることで、お客様の要望が反映された、他社の提案にはない内容が提案に組み込まれている状態（＝唯一無二の提案）になるのです。

「手数」というのは、提案の回数や商談の回数のことだけを指すのではありません。１回の商談のなかで、仮説をぶつける回数や、質問を投げかける回数も「手数」です。

自社の商品・サービスの価値を理解したうえで、いかにお客様の理解を深める努力ができるか、そして何度もトライして、学び続けることができるか。そうやって、「攻める（伝える）」と「知る」を繰り返すことが、営業の成果につながるのです。

「この営業と会うと、いいことがある」が選ばれる必然性となる──【攻める】

お客様のことを理解し、お客様にとって魅力的な提案をし続ける（＝手数を増やす）ことによって、営業に対するお客様の認識が**「この人と会うといいことがある」「この人に頼めばなんとかなる」**というものへと変化していきます。

そのために営業ができることの例として、「役に立てそうなことを思いついたら連絡をする」「ちょっとしたことでも提案を持っていく」「お客様に有益な情報を得たら持っていく」などが挙げられます。これらを繰り返すことで、お客様の頭の中に少しずつあなたの存在が根づいていきます。

中には「何度もお時間をいただくのは、お客様に迷惑なのではないか」と、腰が引けてしまう営業もいます。一度失注しているお客様であれば、なおさらです。

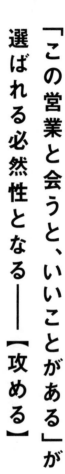

たしかに、「お客様のためにならない独りよがりな提案」や「お客様の課題解決につながらない的外れな提案」のためにお客様の時間をいただくのは失礼です。けれども、**お客様は「自分のことを想い、役に立てる方法を考えてくれている営業」が来てくれるのであれば、喜んで時間を割いてくださります。**

お客様にとっても、自分の抱えている問題や課題を理解し、話を聞いてくれる社外の人（＝第三者）は、ありがたい存在だからです。自分だけでは思考が狭まってしまうことも多いため、第三者視点での情報や提案は、お客様にとって新たな気づきにもつながります。

そのために私は、お客様によく **〝壁打ち〟** の時間を取っていただき、お客様の思考整理を一緒に行っていました。

「プロジェクト（検討や計画）は予定通りに進んでいますか？」「少しディスカッションしませんか？」というかたちでお時間をいただき、自社が役に立てることを簡単にでもまとめて持っていっておくのです。

壁打ちを通じてお客様の思考が整理され、次にやるべきことが見えてくれば、「この部分、お願いしたいので発注しますね」と仕事が発生するケースや、「これなら、御社に決めたほうが良さそうですね」という意思決定に至るケースもあります。

そうやって提案を繰り返すことで、お客様の「あなたの会社の商品・サービスができること」「あなたができること」についての理解が深まります。その結果、何か困ったことがあったときに、「あの人に相談したらなんとかなるんじゃないか？」と想起していただくことにつながるのです。

つまり、**「会うと、いいことがある人」**というポジションを確立すると、選ばれる確率が上がるだけではなく、継続的な発注（購入）やお客様の紹介につながり、成果を出し続けることができるのです。

一方、「お客様とアポが取れない」「お客様が会ってくれない」のは、**お客様が〝あなたに会うといいことがある〟という認識になっていない**ことが原因です。

もちろんお客様も、営業が売上を追っていることは理解していますが、**「自分の売上だけを考えて」会いに来る営業を、お客様は嫌がります。**たとえ、最初の何回かは会ってくれたとしても、いずれ「〝（営業である）自分のために〟時間をつくってほしいと言う人」と見抜かれてしまいます。

お客様は、複数の会社の営業との接点を通して、誰が頼れる人なのか、誰が相談できる人なのかを見極めています。

まずは、**〝お客様のために〟**手数を繰り出すなかで、喜んでくださるポイントや、役に立つと思っていただけるポイントについての理解を深めることからはじめましょう。

そして、お客様の頭の中に「会うと、いいことがある人」というポジションを確立することができれば、**「会いに行っていいですか？」**と言うだけでお時間をいただけるようになっていきます。

お客様の頭の中に自分の存在を少しずつ印象づけていくことが、あなたの会社が選ばれる確率を上げることにおいて重要なのです。

お客様との接点は、競争優位性を高めるヒントにあふれている──【攻める／創る】

営業とは、お客様の理解を深め（＝知る）、あなたの会社の商品・サービスの価値を伝える（＝攻める）ことで、1人でも多くのお客様に、あなたの会社の商品・サービスを選んでいただくことを目指す仕事です。

しかし、現状の商品・サービスが提供できている価値では、お客様に選ばれないケースや、お客様の期待に応えられないケースも当然あります。

お客様の期待に応えられる商品・サービスであり続けるために営業がやるべきは、**「お客様との接点で得た情報**（意見や要望）**を、社内に共有し、蓄積すること」**です。営業が社内にフィードバックした情報をもとに、会社として価値提供する力を磨き、競争優位性を高めるヒントとして活用するのです。

そこで営業にできるのは、**〝お客様が求めている価値〟と〝現在提供できている価値〟のギャップについて社内で共有すること**です。

営業が共有した情報によって社内の認識がそろうことで、会社全体でお客様志向が強くなり、価値提供を磨き続けるための良い風土ができあがっていくのです。

とある地域ＮＯ・１の住宅メーカーでは、「お客様満足度日本一を目指す」を目標に掲げ、ふだんから社員同士で、お客様の情報や地域の情報について共有する文化が根付いています。「自分たちは、ずっとこの地域で営業しているのでわかっている」と慢心せずに、お客様から最新の情報やニーズを聴き、会社としてお客様の要望に応えることで、１人ひとりが日々情報をアップデートし、経験からの学びを蓄積しています。

その結果が、地域で選ばれ続けている（＝地域ＮＯ・１）という実績なのです。

あなたの会社の商品・サービスの進化は、営業である「あなた」にかかっていると言っても過言ではありません。

お客様との接点を通して得た情報をもとに、社内のメンバーを巻き込んで「商品・サービスの提供価値を再定義する」「価値提供方法を磨き込む」ということも営業の大事な仕事なのです。

私が現在所属しているhomieが提供している「HOTLEAD」という住宅・不動産業界専門の資料請求への初期対応サービスは、リリースしてから2年（本書の執筆時）という新しいサービスということもあり、「サービスの提供価値や機能」についてお客様から深く話を聞くことを大事にしています。

たとえば「お客様は何を価値として感じるのか？　なぜそれが価値だと思ったのか？」「使いづらいと感じるところはどこなのか？　それはどのような問題を引き起こすのか？」について、日々お客様から情報を集めています。

そうしてお客様が価値として感じるポイントを理解し、プロダクト開発部門はもちろん、お客様ともディスカッションを続けています。

結果、サービスのリリース当時といまでは、自社が提供する価値への理解や、価値を提供する方法自体も大きく変わりました。お客様への提供価値を最大化するための組織体制も変化させながら、日々進化し続けています。

既存の商品・サービスの場合、現状が当たり前になっていて、過去につくった機能の改善や改修をせずに、お客様が我慢して使い続けていることもあります。

その理由として、商品・サービスに対するお客様の評価などの情報がアップデートされておらず、商品開発部門が現状に疑問を抱いていないケースが挙げられます。そうならないためにも、お客様に価値提供をしている営業が既存の当たり前を疑うこと、お客様からの情報を社内に共有すること、どうすればもっと価値提供力が上がるのかを**〝みんなで〟**考えることを率先して行うのです。

この動きを社内で続けていくことができれば、あなたの会社の商品・サービスの競争優位性は確実に高まります。

新しい商品・サービスの〝開発業務〟は、プロダクト開発部門が担うミッションですが、商品・サービスの進化に必要な情報を集めること、商品・サービスの〝**売り方の開発**（＝お客様に選んでいただく方法を〝創る〟こと）〟は、営業が担うべきミッションなのです。

お客様との関係性は「知る」「攻める」「創る」を愚直に繰り返すと自然に進化する

ここまでお伝えしてきた「知る」「攻める」「創る」を、第1章で説明したマーケティング・プロセスに落とし込むと次ページの図のようになります。

着目していただきたいのは、各プロセスにおいて「知る」「攻める」「創る」という3つの動きが密接に関わっていることです。

つまり、本章で説明した「循環型営業サイクル」を、第1章で説明したマーケティングの各プロセスと組み合わせて活用することで、営業活動の精度が劇的に高まるのです。

すべてはお客様を「知る」ことからはじまります。そのために、第2章で説明したリサーチの考え方を用いて、お客様の頭と心の中を深く理解することを目指します。

マーケティングとリサーチの考え方をベースにした「知る」「攻める」「創る」を愚直に繰り

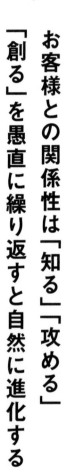

マーケティング・プロセス×循環型営業サイクル

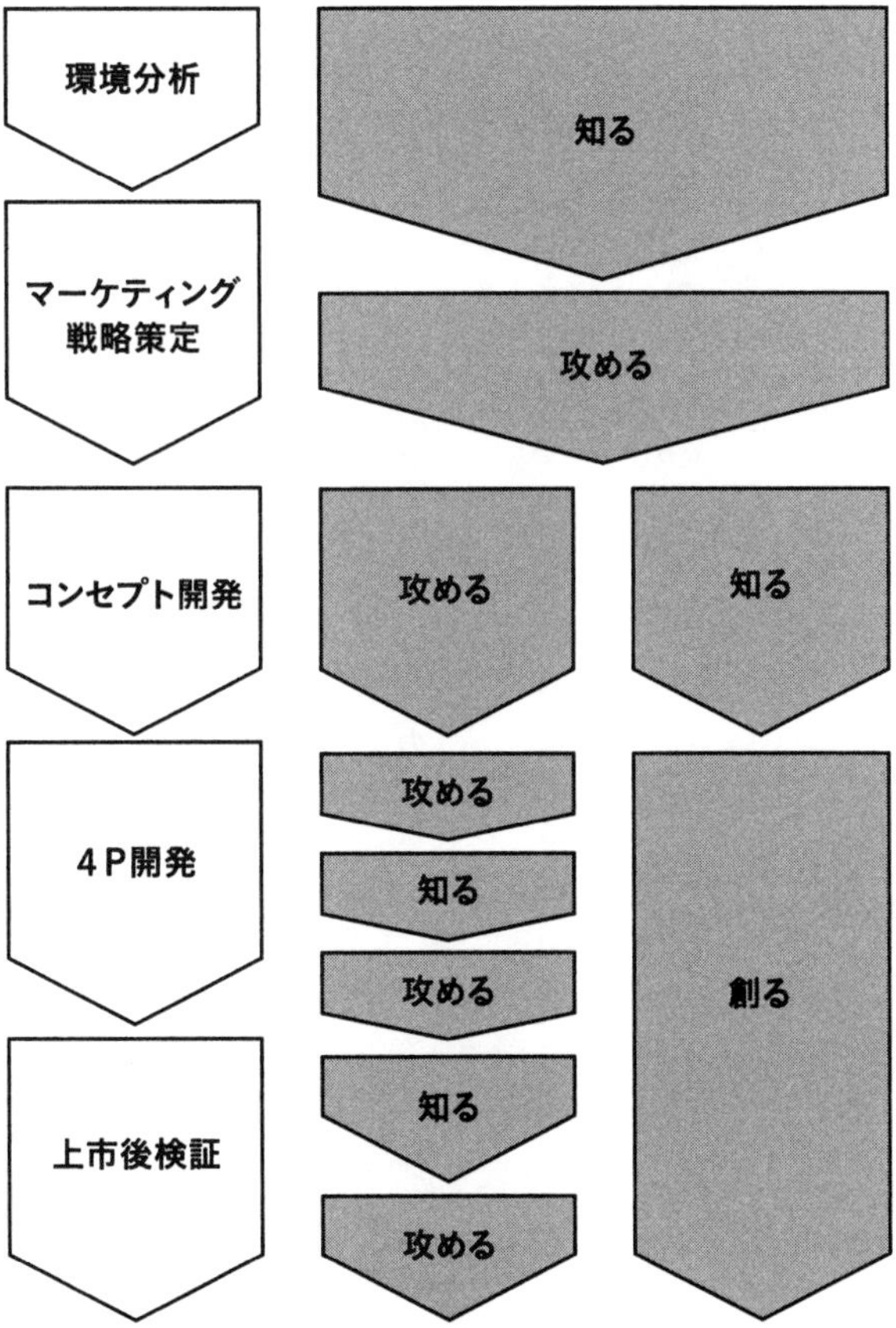

返すことによって、お客様にとって、あなたの会社の商品・サービスを選ぶことが「アタリマエ」になり、お客様との関係性は確実に進化していきます。

この考え方を、図で表すと次のページのようになります。一見すると、「知る」「攻める」「創る」をひたすら繰り返しているだけだと思うかもしれませんが、マーケティングの各プロセスを意識しながら1周するごとに、お客様に対しての新たな気づき・発見が生まれ、お客様への提供価値の解像度が高まります。

結果として、お客様への提供価値がより魅力的なものになり、お客様との結びつきもどんどん強くなっていくのです。

上から見ると同じところをぐるぐる回っているように見えても、横から見ると上に登っている螺旋《らせん》階段のように、「知る」「攻める」「創る」を愚直に繰り返すことで、お客様との関係性は一段ずつ積み上がっていくのです。

避けなければならないのは、本当に同じところをぐるぐる回っているだけという状態です。そうならないためには「知る」「攻める」「創る」を愚直に繰り返しながら、お客様との関係性の変化を、常に意識しておく必要があります。

同じことを繰り返しているように見えるが、

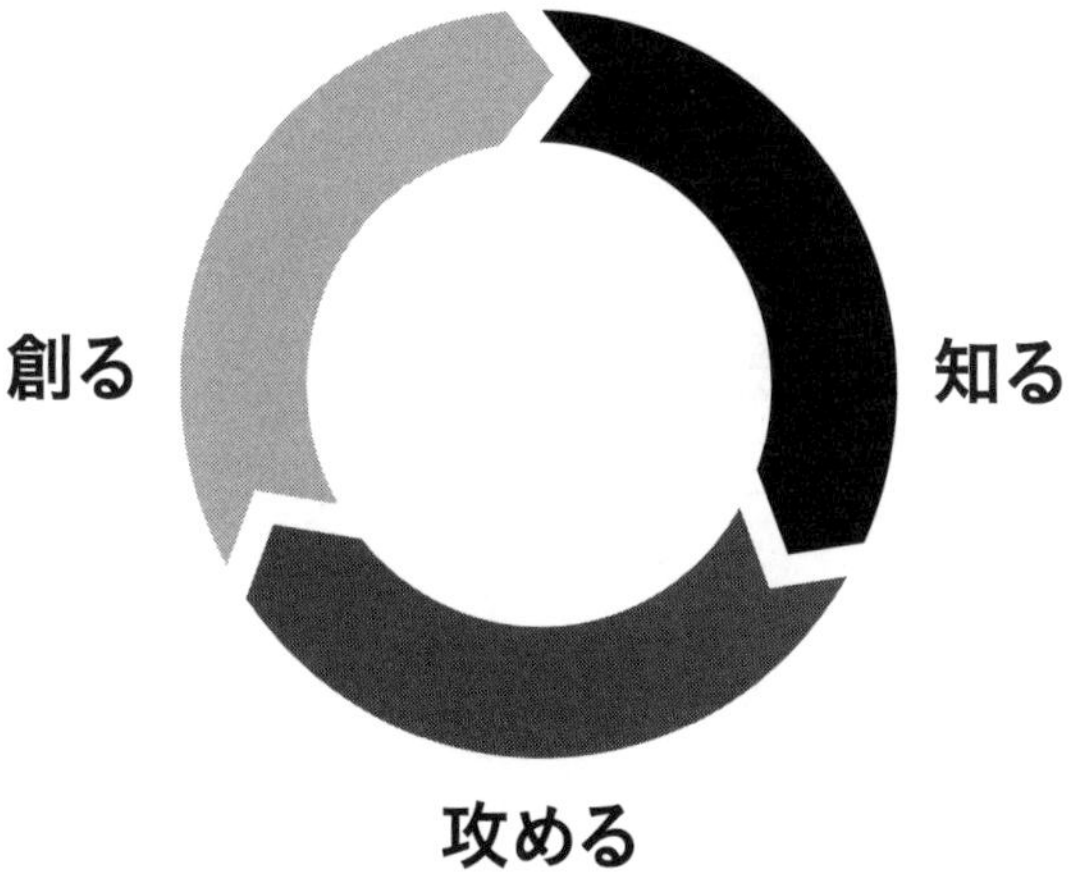

繰り返すことで、関係性が進化していく。

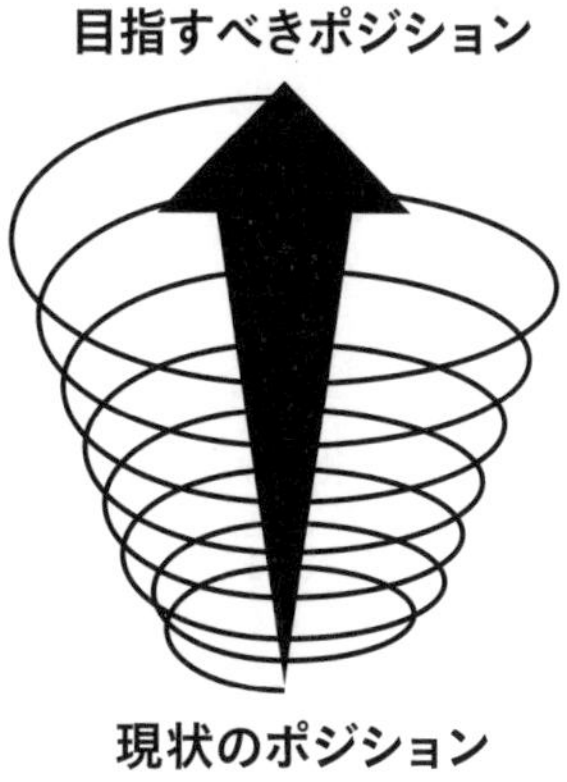

このことは、自分が営業を受ける立場に立って考えてみると、よくわかります。

お客様は、「商品・サービスについて一方的に話す営業」よりも、「自分のことを理解し、自分に合った提案をしてくれる営業」から買いたいものです。

もちろん、商品・サービスが一定のクオリティを超えていることは前提ですが、「うまくいけば儲けもの」のような一度きりの営業よりも、あきらめずに何度も提案をしてくれる営業のほうがお客様に一生懸命考えていることが伝わり、信頼できる、仕事を任せたいと思うはずです。

日常生活に置き換えても、同じ美容室に行くのは、自分に似合う髪型や好みをよくわかってくれているからですし、かかりつけの病院に行き続けるのは、過去の問診結果や自分の身体の特徴をよくわかってくれているからです。

つまり、**お客様は「自分のことを理解していて、何がほしいかをわかっている相手」を選ぶ確率が高い**ということです。

あなたの会社の商品・サービスが、お客様に選ばれる回数が多くなればなるほど、お客様の頭の中において、その商品・サービスが唯一無二の存在へと進化していきます。結果として、必然的にほかの選択肢を選ぶという可能性が消えていくのです。

最初に立てた計画に固執せず、「変化」を前提とする

日々の営業活動では、「最初に聞いていた条件と違う」「この間までいいと言っていたことが急にダメになった」などとお客様の心境が急に変わることもあります。

たとえば、契約直前だったお客様が、急に買わないことになるケース。担当者のＯＫは出ていて社内の調整は終わっていたのに、先方の上司の決裁が下りずに失注になったりするケース。「御社に発注します！」というお客様の言葉に安心して連絡を待っていたら、次に連絡がきたときには、「他社に発注することになった」というケースもあります。

社内の方針や、周囲の人の考え方、取り巻く環境など、**お客様の意思決定に影響を与える要素はたくさんあります。** そのため、お客様が「途中で考えが変わる可能性」や「他社を選ぶ可能性」も想定しながら、営業活動に臨むことが重要です。

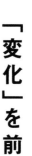

さまざまな状況の変化に対応するための有効な考え方に、**「OODAループ」**があります。OODAループは、アメリカ合衆国の戦闘機操縦士であり、航空戦術家でもあるジョン・ボイド氏が発明した意思決定のプロセスです。

OODAループは、客観的な情報を集めて観察し（Observe）、情報を分析して現在の情勢を判断し（Orient）、何をすべきかを意思決定（Decide）したあとで、実行に移す（Act）、というのを行ったり来たりしながら戦っていくプロセスです。

OODAループの対局として挙げられるのは、「PDCAサイクル」です。PDCAサイクルは、現状と理想のギャップを埋めるための実行計画を立て（Plan）、立てた計画を実行し（Do）、計画・解決策が有効だったのかを振り返り（Check）、計画の修正を行う（Act）というものです。

戦場でPDCAサイクルを使った場合、「敵の戦闘機が来ているけれど、まずは計画通りに実行してあとで振り返ろう」としていたら、あっという間に撃ち落とされてしまいます。OODAループが戦術家によって生み出されたのがうなずけます。

ただし、PDCAサイクルは、中長期の営業の戦略を考えるうえでは有効です。

PDCAサイクル（中長期）とOODAループ（短期）を組み合わせることで、大きな方向性を定めながらも、柔軟性・俊敏性の高い意思決定ができるようになります。

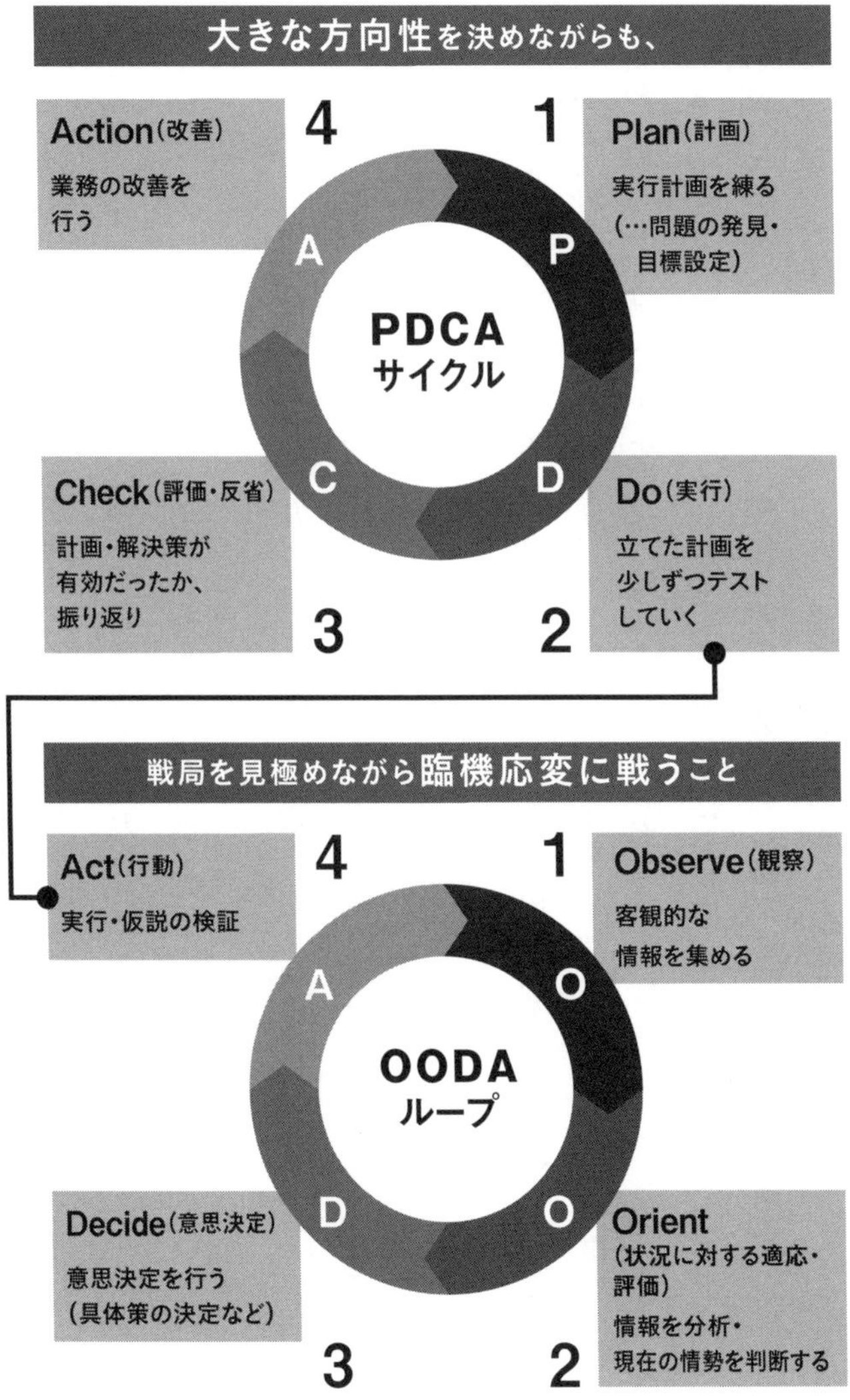
大きな方向性を決めながらも、
4
Action（改善）
業務の改善を
行う
1
Plan（計画）
実行計画を練る
（…問題の発見・
目標設定）
A
P
PDCA
サイクル
C
D
Check（評価・反省）
計画・解決策が
有効だったか、
振り返り
Do（実行）
立てた計画を
少しずつテスト
していく
3
2
戦局を見極めながら臨機応変に戦うこと
4
Act（行動）
実行・仮説の検証
1
Observe（観察）
客観的な
情報を集める
A
O
OODA
ループ
D
O
Decide（意思決定）
意思決定を行う
（具体策の決定など）
Orient
（状況に対する適応・
評価）
情報を分析・
現在の情勢を判断する
3
2

一方、ＰＤＣＡサイクルの弱点として考えられるのは、一度立てた計画に固執すると、お客様が求めるものの変化に気づかず、誤った施策を実行し続けてしまう可能性があることです。

たとえば、「新規の取引社数の拡大によって業績拡大を狙う」という営業方針を示し、実行し続けていたら、じつは既存のお客様の離反が進んでいることに気づかなかった、というのはよく聞く話です。

そうならないためには、大きな方向性を決めながらも、現場の情報が組織内に共有される状態をつくり、状況やお客様の反応を見ながら、臨機応変に戦い方を変える。そして、お客様の声を拾い、改善しながら進化を続けていく必要があるのです。

いまの世の中は不確実性が高く、不透明な時代です。その時代を組織と個人が生き抜くためには、環境変化に対応する「機敏性（アジリティ）」が重要になります。そして、市場での戦い方を定めながらも、常に変化を前提に対応する動きが求められます。

そのとき営業がやるべきは、変化をとらえるためにお客様を**「知る」**、提供価値が正しいのかを確認するために**「攻める」**、変化に対応するために新たな提供価値を**「創る」**ことです。

それが「循環型営業サイクル」であり、愚直に繰り返すことで成果を出し続けられるのです。

営業が目指すべきは「ドラえもん×三河屋のサブちゃん」

営業が忘れてはならないのは、**目指すべきは〝目先の売上〟ではなく、「お客様を幸せにすること（＝お客様の理想を実現すること）」**だということです。

お客様の中には、「理想の状態を言語化できていない方」、言語化できていたとしても「設定している課題が間違っている方」もいらっしゃいます。

そのため、営業はお客様の要望を聞くだけの「御用聞き」ではなく、さまざまな情報からお客様の理想を理解し（知る）、理想を実現するためにあなたの会社が提供できる価値を積極的に伝える（攻める・創る）必要があります。

お客様の理想を実現するためには、ときにはお客様に厳しいことをお伝えしたり、正しい方向に導くための情報を提供したりすることも必要です。

「本当にその方向でいいのですか？」「その選択で理想に近づくのでしょうか？」「それで課題は解決されるのでしょうか？」などと、お客様に気づき（＝インサイト）を提供し、お客様の考え方（＝認識）を変えることも営業の重要な役割です。

そして、あなたの会社の商品・サービスによって課題が解決された結果、お客様の理想が実現し、一緒に喜ぶことができる。これが、営業にとって最高の瞬間です。

これをずっと繰り返しているのが、第2章でも出てきた「ドラえもん」です。

ドラえもんの使命は「のび太くんを幸せにすること」ですが、のび太くんの幸せは「しずかちゃんと結婚し、未来の子孫が豊かに暮らせるようになること」です。

しかし、ドラえもんが来た当初、のび太くんは勉強もダメ、スポーツもダメ、じゃんけんすら勝ったことのない、うだつのあがらない少年でした。

そして、いきなり未来から現れたロボット（ドラえもん）の話をまったく信じないのび太くんに対して、ドラえもんが最初にやったのは、未来ののび太くんの姿を見せることでした。

ドラえもんが「将来、ジャイ子と結婚する」「残した借金が多すぎて子孫が大変なことになる」ことを伝えてはじめて、のび太くんは事の重大さに気づくのです。

これが、ドラえもんがのび太くんに提供した〝インサイト〟です。

そこから寝食をともにし、のび太くんへの理解を深めながら、丁寧に話を聞き、ひみつ道具やアドバイスを繰り返しながら、のび太くんを待ち受ける課題を1つずつ解決していっているのです。


もしドラえもんが、「ずっと昼寝をしていたい」というのび太くんの要望だけを聞き、ずっと昼寝ができる環境を提供したとしたら、のび太くんの理想には近づきません。

のび太くんのことを真剣に考えているからこそ、ドラえもんは、ときには厳しいことも言いながらも、のび太くんの認識と行動を変えるべく向き合っているのです。

そして、しずかちゃんと結婚する未来に向かって、一緒に笑い、一緒に涙するのです。


私はドラえもんとのび太くんは、営業とお客様の関係のひとつの理想形だと考えています。

ただし、現実の営業は、ドラえもんのようにお客様（＝のび太くん）から相談がくることを待っているだけでは成果を最大化することはできません。

だからこそ、ドラえもんのような存在を目指しながらも、『サザエさん』に出てくる三河屋のサブちゃんのように、勝手口から入り込み（＝関係性を深め）、磯野家（＝お客様）の状況を、自らおうかがいしに訪問することも大事です。

じつは「ドラえもん×三河屋のサブちゃん」の役割は、第1章から第3章までの内容と重なります。営業は、あなたの会社の商品・サービスが必然的に選ばれる状態をつくる（＝マーケティング）ことが仕事です。そのためにやるべきは、お客様の頭と心の中を深く理解する（＝リサーチ）ことです。これらを前提に置きながら、「知る」「攻める」「創る」を愚直に繰り返し（＝循環型営業サイクル）、お客様の理想を一緒に実現することを目指すのです。

その結果、お客様はあなたの会社の商品・サービスを選び続けてくださるようになるのです。

ただし、ここまでの話が理解できたとしても、すぐに実際の営業で100％活用できるわけではありません。「循環型営業サイクル」を効果的に実践するためには、「個人」と「組織」それぞれの視点で、自らの置かれている環境に即して「営業力」を磨く必要があります。

次の第4章では、まずは「個人」としての営業力の磨き方について述べていきます。

第4章

個人の営業力は「顧客接点の場数×成功・失敗体験」で磨かれる

リクルートで学んだのは、スキルではなく「スタンス」の重要性

成果を出し続けるために必要なのは、「テクニックを覚えること」ではなく、ベースとなる「考え方」を理解し、それを活かすための**「営業力」**を磨くことです。

その「考え方」こそ、いままで説明してきた「マーケティング」と「リサーチ」であり、営業活動としての「循環型営業サイクル」です。

とくに「マーケティング」と「リサーチ」は知識として体系化されたものであり、科学として再現性の高い「考え方」です。

また、「知る」「攻める」「創る」（＝循環型営業サイクル）は、営業がやるべきことの本質をシンプルに表現したものであり、どんな業界や商材であっても活用が可能なものです。

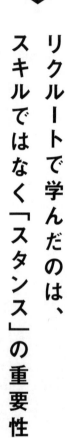

「考え方」を理解し、「営業力」を磨くうえで大事なことがあります。それは、**正しい「スタンス（＝物事のとらえ方や物事に取り組む姿勢）」**を身につけることです。

「スタンス」とは、家でたとえるならば、基礎（土台）の部分です。いくら良い建物を建てたとしても基礎がガタガタであれば、すぐに倒れてしまいます。営業も同様に、いくら営業力を磨いてもスタンスが良くなければ、どこかで限界がやってきます。

リクルートでは、大事にすべき４つのスタンスとして「圧倒的な当事者意識」「やり抜く力」「学び続ける力」「誠実さ・正直さ」が定められていました。

リクルートは営業会社、数字至上主義というイメージを持たれることも多いですが、**何よりお客様のことを第一に考えるという考え方（＝顧客志向）**が組織内に浸透しています。

社内で大事にされている「考え方」は、「リクルートだけが儲けるのではなく、お客様と一緒に儲けること」です。そのため、お客様からいただいた売上を〝効果〟としてお返しすること、お客様の売上・利益に貢献することを強く意識する組織風土がありました。

たとえば、１０００万円の大型発注をいただいたことを上司に報告しても、「その１０００万円をあなたに預けて、お客様はいくら儲かるの？」という質問が飛んでくるなど、常にWin-Winの関係性が求められていました。

とくに、2008年のリーマンショックで多くの不動産事業者様が黒字倒産したことで、「自分たちが儲かっていても、お客様が儲かっていなければ意味がない。きちんとお客様の売上・利益に貢献しよう」という意識がより強くなったことを覚えています。

お客様があなたの会社に支払うお金は、何かを得るための投資です。それは、個人も企業も同様です。期待通りのリターン（効果）がなければ、無駄金になってしまいます。

そして、すべての人の給料は、お客様から頂戴した売上から捻出されています。だからこそ、「生活をさせていただいているお客様を裏切ること」があってはならないのです。

「スタンス」の大切さは、京セラの創業者である稲盛和夫さんもおっしゃっています。『生き方』（サンマーク出版）の中で紹介されている〝人生の方程式〟で、稲盛さんは**「人生・仕事の結果＝考え方×熱意×能力」**であると述べています。

大事なポイントは、熱意と能力はプラスの値しかとらないことに対して、「考え方（＝スタンス）」はマイナスの値をとることがあるということです。

稲盛さんが、「考え方（＝スタンス）」とは「生きる姿勢」であるとおっしゃっているとおり、所作や言動など日々の行動の細部に「考え方（＝スタンス）」は現れます。そのため、いくら能力や熱意があったとしても、「考え方」しだいで結果は180度変わるのです。

営業が正しい「スタンス」を身につけるために一番はじめにすべきは、**「扱う言葉」を変えること**です。営業は「言葉」を扱う仕事だからこそ、「言葉」にこだわることはとくに大切です。

たとえば、「客」ではなく「お客様」、「受注を取る」ではなく「ご発注をいただく」、「売上を上げる」ではなく「ご予算をお預かりする」など、日常的に使う言葉から変える。お仕事を頂戴し、お給料をいただいているお客様に対して、感謝と敬意を持って接する。これは、私がリクルートで学んだ「スタンス」の中で、いまでも大事にしていることの1つです。

あなたの言葉を一番〝近く〟で、一番〝多く〟聞いているのはあなた自身です。あなたが発した言葉によって、あなたの意識は変わっていきます。

そして、あなたがどのような「スタンス」を持った人間かを、お客様は確実に見抜きます。だからこそ、日々扱う「言葉」にこだわり、正しい「スタンス」を身につける必要があるのです。

営業のスタンスが「自社の売上（＝提供価値）の上限」を決める

「お客様の役に立ちたい」という想いが強くなればなるほど、自分の力だけでは解決できない課題に直面します。

なぜなら、お客様への理解が深まれば深まるほど、お客様の中で顕在化している課題だけではなく、潜在的な課題にまで目が向くようになるからです。

しかし、営業がその課題を解決したいと思っても、自分のスキルが足りない（＝自分だけでは解決できない）ことに気づくこともあります。そのときに、自分1人でできる範囲で完結しようとするのか、周りの人（上司や先輩）を巻き込むのかによって、お客様への提供価値（＝売上）の上限は大きく変わります。

営業の仕事は、自分1人で完結するものはほとんどありませんし、あったとしても、自分1

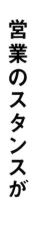

人〝だけ〟でできる仕事は、たかが知れています。だからこそ、自分の力だけで解決しようと思わなくていいのです。

周りに自分に足りないスキルを有している人がいれば、周りの人のスキルを上手に活用する。自分にはない視点があれば、それを活用する。そうやって、お客様への提供価値を最大化することを目指すのです。

同時に、自分に何が足りないのか、足りない要素を埋めるためにはどうすればいいのかという「内省」を続ける。良い方法があれば、取り入れる。それらによって、１つひとつの経験が自身の学びに変わり、「スキル」が磨かれていきます。

また、自分１人だけでなんとかしようとする人と、周りを巻き込んで解決しようとする人では当然、成長度合いも異なります。

もちろん、自分の力以上のことにチャレンジすると、壁にぶつかることもあります。でも、壁を超えるたびに成長していくのです。

その理由は、アカデミックな研究でも明らかになっています。北海道大学の松尾睦先生の『経験からの学習』(同文舘出版)という本では、不動産営業・自動車営業などへの調査から「経験からの学習」に必要な要素を明らかにしています。

その中で考察されているのは、お客様の役に立ちたいという想い（顧客志向の信念）が強いほど、経験からの学習が促進されることです。

お客様のことを考え、もっと役に立ちたいと思えば思うほど、自分のいまの能力では解決できない壁にぶつかり、その壁を越えるための努力をするからです。結果、さらに難易度の高い仕事にもチャレンジしていくようになり、個人のスキルが磨かれていくというわけです。

また、高い成果を上げている営業ほど、「目標達成志向の信念（目標を達成したいという想い）」と「顧客志向の信念」のバランスがとれているという研究結果も紹介されています。

つまり、**高い成果を出している営業は、両方の想い（目標達成の信念と顧客志向の信念）を強く持っているからこそ、お客様が気づいていないような問題の発見や、新たな視点での課題設定ができるのです。**

課題を解決に導くことでお客様から厚い信頼を得られるようになり、通常の受注に加えて、紹介やリピートが増え、成果が上がるという良い循環を実現できているのです。

私がリクルートでクビ宣告を受ける前の2年間は、「目標達成志向の信念」は人一倍強かったものの「顧客志向の信念」が非常に弱かったと、いま振り返ると感じます。

当時の私は、自社の商品を売ることばかりに必死になり、お客様を置き去りにしたアプローチャや提案をしていました。もちろん、それではお客様に選んでいただけるはずもなく、成果が出ず、入社してから2年もの間、目標未達成が続きました。

それまでは、「自分の目標を達成するために、SUMOの広告枠を売る」ことを目指した営業活動だったので、お客様に対する行動としては「掲載継続の確認」や「顕在課題への提案」にとどまっていました。

まだまだ経験値が足りないにもかかわらず、上司や先輩を巻き込まず、自分のやり方を貫こうとしていたのです。

しかし、3年目の春にクビ宣告を受けてから、お客様に対する「考え方（＝スタンス）」が大きく変わったことで、行動も大きく変わりました。

自分の中で〝お客様の役に立たなければ〟という考え方が強く芽生え、お客様に向き合う大きな目的が「お客様の業界内での順位を上げるための支援をする」へと変わったのです。

それにより、お客様の会社の経営陣の考えを理解し、翻訳して現場に伝え、現場から上がってきた声を経営陣にフィードバックするというお客様の組織内のハブの役割も担うようになりました。

最終的には、お客様の会社の社長に対して、経営方針の提言をするというところまで、大きく関係性も進化したのです。

そのときの私は、なんとかお客様に対して価値を提供したい、そのためにもっと知見がほしいと考え、当時のリクルートのカンパニー長（執行役員）に対して「経営方針ってどうやって考えるんですか？」と突飛な質問をするぐらい、社内（＝リクルート）にいるたくさんの先輩に声をかけては、提案や自身の動きに対してのアドバイスを求めていました。

まだまだ怒られることの多かった社会人3、4年目に、お客様への向き合い方（スタンス）が変わり、行動が変わったことによって成果が出たことは、自分の営業スタイルのベースとなる大切な経験でした。

「個人の営業力」＝「顧客接点の場数」×「成功体験・失敗体験の内省の質」

もちろん、「営業力」を磨くには、スタンスだけ身につければいいというわけではありません。スタンスは、あくまで〝基礎〟です。

成果を出し続けるためには、営業力を構成する「お客様の認識を変え、必然的に選ばれる状態をつくるためのスキル（マーケティングスキル）」と、「リサーチに必要な材料を集めて、お客様の頭と心の中を深く理解するスキル（リサーチスキル）」を、それぞれ常に磨き続ける必要があります。これらを磨くためには、とにもかくにも**お客様との接点（＝顧客接点）の「場数」を増やすこと**です。

当然ですが、お客様は全員〝人〟です。とくに趣味嗜好も多様化する一人十色の時代、シーンや状況によってもお客様の考え方や認識は異なります。だからこそ、たくさんのお客様に会うこと、たくさんのシーンや状況を体験することが経験値になり、ひいては**「経験知」**となります。

そのためにまずは、**お客様とのコミュニケーションを通して反応を観察し、お客様の価値観や現状の認識を理解するための材料を集めること**が重要です。

反応を観察する方法は、「対面∨オンライン∨電話∨メール」の順で有効です。

メラビアンの法則にもある通り、人と人がコミュニケーションを図る際に最も影響を与えるのは、視覚情報（55％）であり、次いで聴覚情報（38％）、言語情報（7％）と言われています。つまり、お客様を深く理解するためには、言語情報だけではなく、お客様の所作や表情、声のトーンや声色も重要であるということです。

そして、もう1つ重要なのは、**お客様との1つひとつの接点を「成功」と「失敗」ふくめて内省すること**です。

1回ごとの顧客接点で「なぜ、うまくいったのか」、逆に「なぜ、うまくいかなかったのか」を「経験」として蓄積していくことによって再現性のポイントを抽出するのです。

具体的にやるべきことは、**「商談前の事前準備」**と**「商談後の振り返り」**です。

まず、商談の前に、お客様からのお問い合わせの内容をもとにインターネットで調べられる情報など、そのときに集められるものからお客様の要望に対する仮説を構築して、あなたの会社の商品・サービスで何を提供できるのかを徹底的に考えておきます。

そして、あなたの会社の提供価値を最大化するために、上司や先輩、同僚など、周りの人を巻き込み、事前準備を徹底的に行います。

私は、メンバーと一緒の商談前は、「作戦会議」と称して事前にメンバーとのミーティングをセットし、商談の流れとそれに伴い準備するものなどのすり合わせを行っています。

事前準備の観点として、次の５つが挙げられます。

1 現状（お客様との関係性や、商談を進めるうえでの課題）の整理
2 商談後に実現したい状態目標
3 そのために必要なコミュニケーション
4 提供すべき情報と資料の準備
5 お客様にとっての商談のメリット

これらの情報を整理することで「商談が終わったあとにどのような状態を目指すのか」、そのために「どんな情報をどう伝えるのか」というコミュニケーションの設計につながります。

その後、商談が終わったら、事前準備の内容と実際の商談の内容を踏まえて、丁寧に「振り返り」ます。

次ページの図のように、「事前に想定できていたこと／できていなかったこと」×「対応できたこと／できなかったこと」という4つの観点で振り返ります。

さらに商談の結果（目標を達成した／していない）、どのようなコミュニケーションだったのかについて、できれば1人ではなく、先輩や上司、同僚と一緒に振り返ることによって、「次はもっとこうしよう！」「これは続けていこう！」など、次の商談で意識すべきポイントが見えてきます。

このように、お客様との接点を大事にしながら、1回1回の成功体験と失敗体験を丁寧に「内省」することは、個人の営業力を磨くためには必須です。

「量質転化（＝圧倒的な量をこなしていれば、いずれ質の向上につながる）」という言葉から、「とにかくがむしゃらに量をこなせばいい」という勘違いをしている人がいますが、そうではありません。スポーツで意味のない練習をたくさん一生懸命やってもうまくならないのと同じように、量〝だけ〟を追い求めるのではなく、同時に**〝1つひとつの経験の質を最大限に高めること〟**がものすごく大事なのです。

事前想定のレベルを上げる➡

状況への対応可能範囲を広げる⬇

	事前に想定できていた	事前に想定できていなかった
状況に対応できた（満足いく対応ができた）	事前に想定できていたから対応ができた 次回以降も対応できるようにポイントを言語化しておく	事前に想定できなかったが対応ができた なぜ想定ができなかったのかを明らかにしておく
状況に対応できなかった（満足いく対応ができなかった）	事前に想定できていたが対応ができなかった 対応ができなかった要因を整理し次は対応できるように準備しておく	事前に想定できておらず対応ができなかった 事前想定のレベルを上げれば対応できたのかを明らかにしておく

お客様の考えていることは「対話」のなかでこそ理解できる

もしかすると気づいている方もいらっしゃるかもしれませんが、私はここまで、お客様を知るための行動を「ヒアリング」という言葉を使って一度も説明していません。「インタビュー」や「お客様とのコミュニケーション」という言葉を使っているのは、お客様の考え・認識を理解するために必要なのは、〝ヒアリング〟ではないからです。

みなさんも経験があるかもしれませんが、私は若手の頃、お客様に情報を聞きに行くときに、上司や先輩から「〝尋問〟はするな、〝ヒアリング〟を心がけなさい」と言われていました。

しかし、ヒアリングを日本語に訳すと「聴取《ちょうしゅ》」です。「なんで尋問はダメで、聴取はいいの？」という違和感がずっとありました。

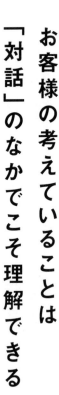

営業がやるべきは、お客様の頭と心の中を深く理解することです。そのためには、お客様が〝どんな情報〟を〝どのように解釈しているのか〟ということを理解する必要があります。

しかし、自分たちの聞きたいことを一方的に聞くだけ（ヒアリング）では、情報は手に入ったとしてもお客様の心の奥にある認識までは理解できません。

また、こちらが持っている情報を提供するだけでは、お客様の考えていることを引き出すことができません。

こちらが持っている情報に仮説（＝自分なりの解釈）を加えて話をすることで、お客様のその情報に対しての意見（＝お客様なりの解釈）を聞くことができるのです。

つまり、お客様とのコミュニケーションにおいて意識すべきは、ヒアリングや情報提供という一方向のやりとりではなく、**「対話」という双方向のやりとり**なのです。

哲学者のフリードリヒ・ニーチェは**「事実というものは存在しない。存在するのは解釈だけである」**と述べています。同様に、営業がお客様との対話を意識すべき理由は、同じものを見たとしても、同じことが起きたとしても、その事象をどのようにとらえるかは、その人の「解釈」によって異なるからです。

1万円のTシャツに対しての解釈の違い

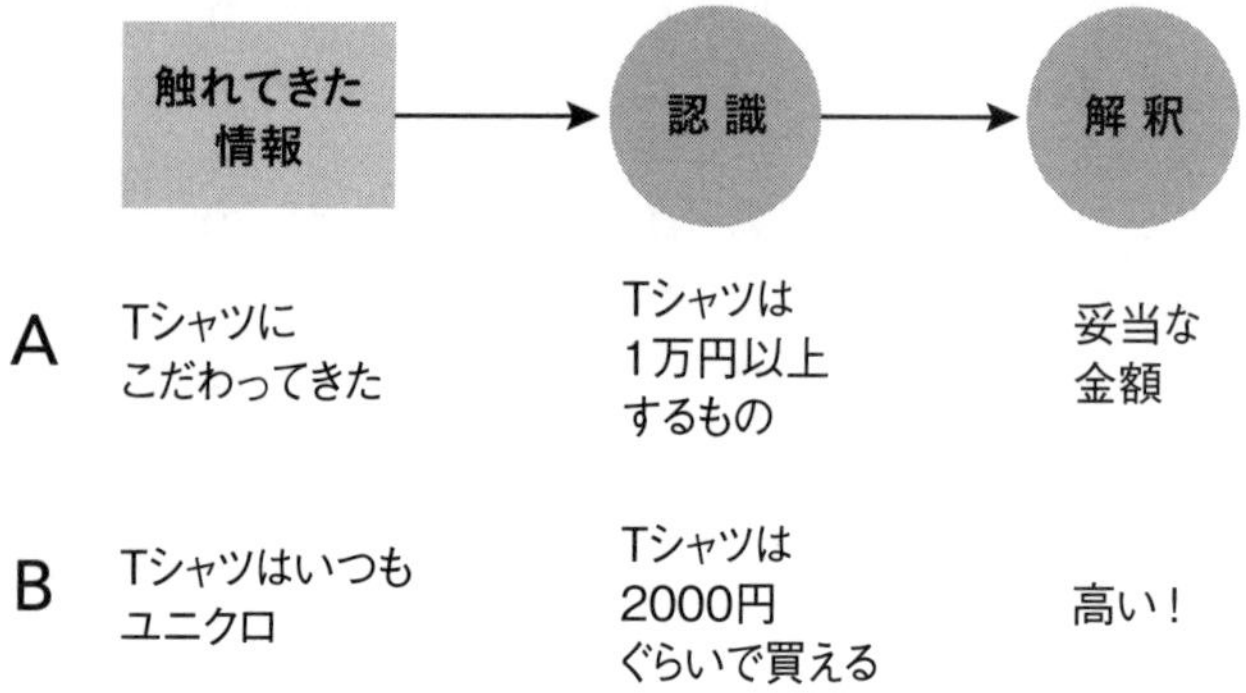

このことをわかりやすく整理すると、上の図のようになります。

たとえば、1万円のヴィンテージTシャツがあったとします。

もし、Tシャツを買おうと思った人が、Tシャツにこだわりを持って生活をしてきていて、「ヴィンテージTシャツは1万円以上するもの」という認識を持っていれば、1万円のTシャツに対して、「妥当な金額である」という解釈をします。

しかしそれが、Tシャツをいつもユニクロで買っていて、「Tシャツは2000円ぐらいで買えるもの」という認識を持っていれば、1万円のTシャツに対しての解釈は、「高い」というものになります。

このように、情報に対して解釈を加えるのはお客様です。あなたの会社の商品・サービスが「高い」か「安い」かを解釈するのも、お客様です。

もし、お客様が「高い」と言った（解釈した）場合、すぐに値引きやサービスなどに走ってはいけません。なぜなら、価値を感じていただけていない場合、いくら金額を下げても選ばれることはないからです。

やるべきは、「なぜその商品を高いと感じたのか」「何と比べて高いのか」「高いことによってどんな問題が起こると考えているのか」というお客様の解釈の背景にある認識や考え方を掘り下げることです。

社会学における〝社会構成主義〟という考え方では、「社会に存在するありとあらゆるものは**人間が対話を通して頭の中でつくり上げたもの**である」と言われています。つまり、あなたの会社の商品・サービスの価値も、あなたとお客様の「対話」を通してお客様の頭の中につくり上げられるものだということなのです。

本当のお客様目線とは「〝お客様が見ているもの〟を一緒に見ること」

お客様との対話を繰り返す、という話をしましたが、お客様の考え方や認識を深く理解することは一朝一夕にはいきません。

だからこそ、顧客接点の「場数」を増やして、成功体験・失敗体験を得ることが重要になるのです。

そのときに意識すべきは、**お客様との商談で「商品・サービスの話をしている時間（＝あなたが話している時間）の比率が多くなっていないか」**ということです。

なぜなら、お客様が聞きたいのは、あなたの会社の商品・サービスの機能や性能よりも、「どうすれば自分の理想が実現できるのか」「なぜ、あなたの会社の商品・サービスが自分にとって良いのか」ということだからです。

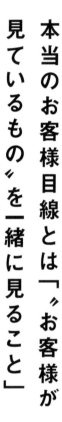

お客様との対話を通して設定した課題が**「あなたの会社の商品・サービスで解決可能×独自性が活かせる」**ものであれば、必然的にあなたの会社が選ばれます。

そのために、**「お客様が望んでいること×あなたの会社にしか解決できないような課題（＝独自性）」**を設定します。つまり、**「あなたの会社に発注する選択肢以外ないという状況」**をつくるのです。

しかし、これは言うは易く行うは難しで、多くの営業が「独自性って何？」「どうやって課題を設定するの？」という壁にぶつかります。

経験や知識がなくても、壁を越えるために誰にでもできる一番シンプルな方法は、**「お客様がなりたい姿／実現したいこと」についてとことん向き合い、そのためにあなたの会社の商品・サービスができることを必死で考え抜くこと**です。

そうすること（お客様がなりたい姿に向き合うこと）によって、豊富な経験がなくても成果を出すことができるのです。

私がリクルートに新卒で入社して4カ月目に、はじめて担当した物件（新築マンション）でのプロセスは、そのことを証明する事例です。

当時の私の仕事内容は、不動産事業者様（＝お客様）が販売している物件に対して、広告商品

（現：ＳＵＵＭＯ）への掲載を提案し、購入検討者を集めること（＝販売促進支援）でした。

私が担当した物件は、予定していた販売数までいかず、苦戦している状況でした。そのようななか、研修で得た知識以外に武器のない私は、「お客様が販売している物件のことを少しでも知りたい」「完売してその物件の販売をしている現場の担当者（＝営業である私にとってのお客様）と一緒に喜びたい」という一心で、毎週、現場の担当者を訪ねました。

「週末に来たマンションの購入検討者や過去の購入者の特徴」「購入者が魅力に感じたポイント」をヒントに、私は「誰に」「何を」「どのように伝えるのか」について、現場の担当者と毎週、議論を重ねました。

その議論を通して見えたのは、**「〝直近の購入者〟と、〝広告で狙っている購入検討者（＝ターゲット）〟が異なる」**ということでした。

そこで、新たなターゲットを設定し、そのターゲットに合わせた広告の掲載内容（いままでの数倍の金額）を、広告の担当者に提案しました。

費用が大幅に増えるという理由から、最初の反応は厳しいものでした。しかし、現場の情報を丁寧にキャッチアップしていたという姿勢（＝スタンス）と、構築した仮説と打ち手の提案内容を評価いただき、結果的には「木下さんの言う通りにやってみます！」と満額回答をいただくことができました。

その施策が功を奏し、新たに設定した完売目標の時期に売り切ることができたのです。

新卒1年目の気合いと若さだけが武器の私がやったことは、とにかくお客様と共通の目標を一緒に追いかけること、つまり、**「お客様が見ているものを一緒に見る」**という非常にシンプルなものでした。私は、これこそが本当の意味での「お客様目線」だと思っています。「お客様目線」という言葉は、お客様だったらどうしてほしいかを考えて先回りで行動するなどの、おもてなしやホスピタリティの観点で語られることが多いかもしれません。しかし、この例（次ページの図）のように「お客様が見ているものを一緒に見る」ことで、**お客様との位置関係が、対面から横並び**になります。そのほうが、お客様との距離が近くなり、本当の意味での「お客様の目線」を共有することができるのです。

営業の主語は、あくまで「お客様」であり、その課題解決の先にある**「お客様の理想の実現（顧客実現）」**であるべきです。

ときには、お客様の理想を少し高いところに掲げ直すことも大事です。お客様が弱気になっていたり、あきらめていたりすることに対して、「もっとこうしてみましょう！」「ここまで狙えますよ！」「私は実現できると思います！」と、お客様を勇気づけるのも、営業にとって重

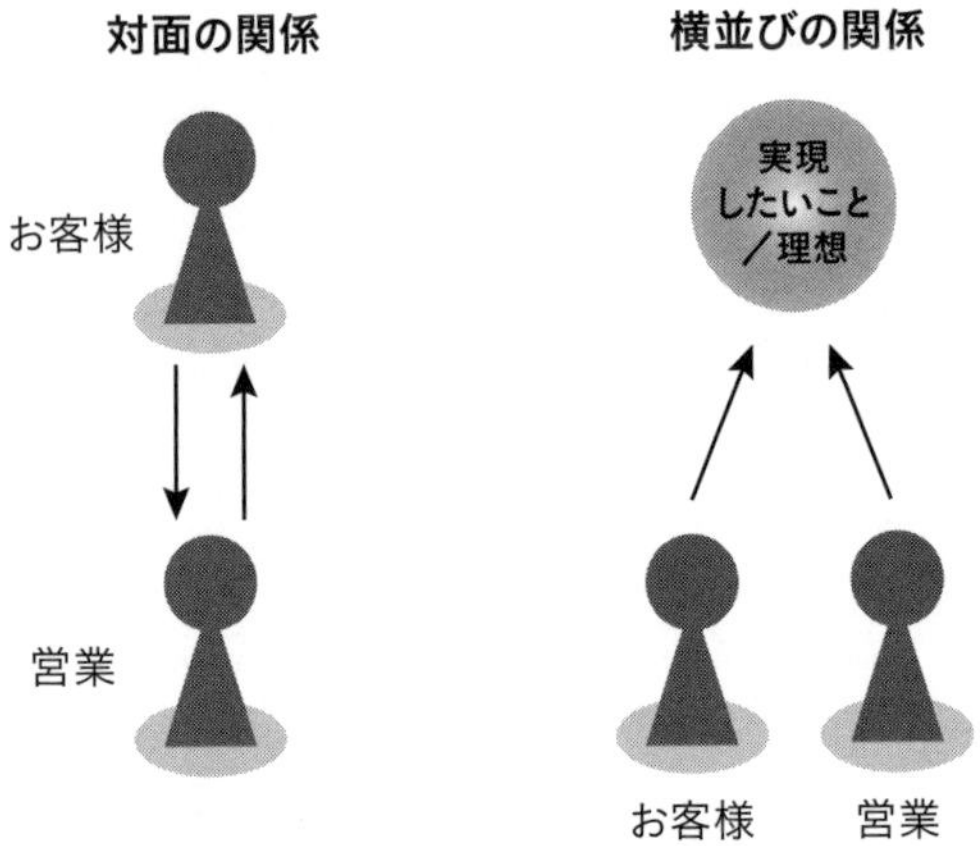

要な仕事です。

そして、それよりも大事なのは「お客様が本当に実現したいことは何なのか」をときにはお客様以上に考えることです。

お客様は忙しくて考える時間がないとしたら、代わって営業のあなたが、あなたの会社が提供できる価値によって何を実現できるかを、必死で考え抜く。

そのために、顧客接点の場数を増やし、成功体験と失敗体験をきちんと内省する。

これが成果を出す（＝「営業力」を磨く）ための、基本的な行動です。

「高い目標」を設定することで、行動の量と質が上がる

私はいつも営業チームのメンバーに、「目標は周りに宣言すること」「目標を高いところに置くこと」が大事だと伝えています。

これもまた前時代的な考え方かもしれませんが、高い目標を設定して、その目標を周りに宣言することは、自身のレベルを引き上げ、個人の成長につながります。

まず目標を宣言することによって、覚悟と算段が大きく変わります。

宣言するからこそ、周囲から注目されるようになり、達成するためにたくさん考え、成功する確率が高くなるのです。

もちろん目標を宣言したところで、すぐにできるようにはなりません。であれば、できない

ことができるようになるまでの道筋を、〝できること〟をベースに組み立てれば良いのです。当たり前ですが、人間、〝やれること〟しかできません。でも、やれることをやり切る前に、できないことを悔やむ人が多い。そして、できるようになりたいと思いながらも、挑戦することに尻込みする人が多いように感じます。

変化が怖いのは、当たり前です。だからこそ、一歩踏み出すためにも〝宣言すること〟に意味があるのです。

宣言する目標の高さによって、達成するために必要なこの先のアクションの「内容（何をやるのか）」と「強度（どのレベルでやるのか）」が変わります。

たとえば高校の創部1年目の野球部が、1年後の目標を「甲子園優勝」に置くのか、「地区大会1勝」に置くのかによって、明日からの練習メニュー（内容）と練習時間や練習に求めるレベル（強度）が大きく異なるのは、うなずけるでしょう。

目標を達成する確率としては、「地区大会1勝」を目指すほうが高いかもしれません。しかし、過ごした時間は同じであっても、「甲子園優勝」を目指したチームのほうが**やってきた練習の量と質が高い**ので、1年後の実力は「地区大会1勝」が目標の場合を上回っているはずです。つまり、「いつまでに」「どこまで目指すか」を決めた瞬間に、次のページの図のように

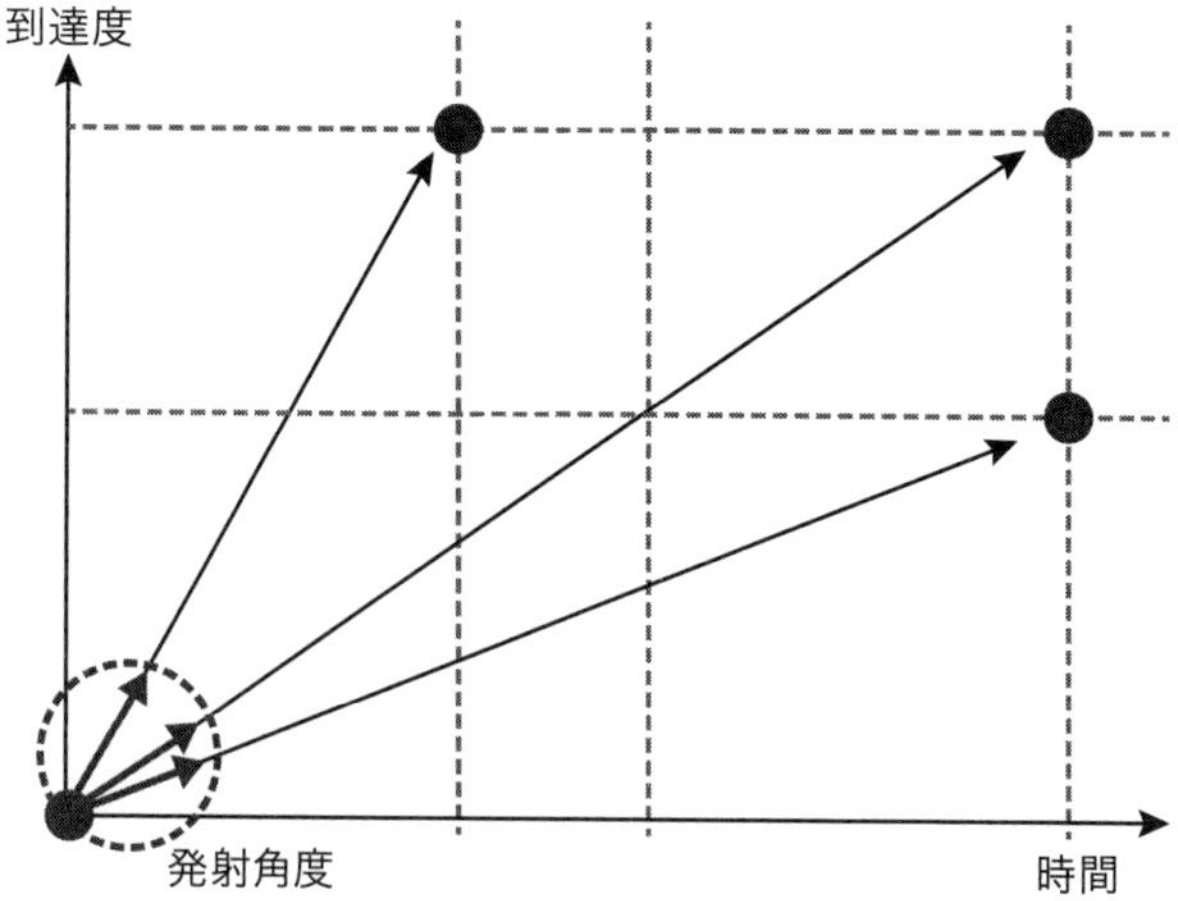

「発射角度」が変わるのです。

キャッチボールのときに「相手との距離」が変われば、必要な「スピード（投げる力）」と投げ出すときの「角度」が変わります。

結果、「相手」には届かなかったとしても、投げる人の行動（スピードと角度）によって「（結果として）投げられた距離」は変わるのです。

高い目標を設定することがより大きな成果につながるのは、それと同じ理由です。

営業が追いかける売上目標の決め方は会社によって異なりますが、リクルートでは「目標設定会議」という場で次の四半期の個人の売上目標を決めていました。

営業個々人が、担当しているお客様からいただける現実的な売上を見立て、そのうえで、もっと積み上げる方法はないかを考え、売上目標を申告します。

さらに、その申告をもとに、上司や先輩たちと一緒に「もっといい方法はないか」「もっとできることはないか」などの策を考え、目標を引き上げていきます。

その結果、最終的に追いかける売上目標は、もともと自分がストレッチ目標（少し背伸びしないと届かない目標）として申告したものよりも高いものになります。

当然ながら、その目標は、〝普通に〟やるだけでは、到底達成できません。達成するためには、制約条件にとらわれずに、自由な発想やチャレンジングな発想を取り入れながら、現状と目標の差分をどう埋めるのかを必死で知恵を絞って考え、打ち手を確実に実行していかなければなりません。

ときには、自分のコミュニケーションのスタイルを変化させることや、苦手なことに向き合うことが必要なときもあります。そうやって、目標を達成するために、〝自分自身が変わる〟ことも含めて考え抜くことで、成果につながるのです。

多くの人は、本当の自分の限界よりも手前に線を引き、自分が思う限界のラインに達すると、そこから先は、〝できない言い訳〟を並べてしまいがちです。その先に、新たな自分の可能性があるにもかかわらず、ラクな場所にとどまってしまうのです。

けれども、高い目標を置き、本気で追いかければ、自分の限界の殻を破り、自分自身の行動の量と質を上げることができ、成長につながります。

実際に売上目標を追いかける期（月間・四半期・通期など）がはじまったら、常に目標金額との差分を意識します。現状の実績、そこに見込み売上を足し、そこから目標に対しての残りの金額を埋めるためのアクションを定めるのです。

そのとき大事なのは、１つひとつのアクションに**「意志」**と**「意図」**を持つことです。

成果の出ない営業にありがちなのは、お客様のタイプや状況が違うのに、同じ内容の行動を常にとり続けてしまうことです。誰に対しても同じ資料を配る。すべてのお客様に同じ説明をする。これでは、成果が出るはずがありません。

お客様の認識を変えるのだという「意志」と、何を伝え、どんな認識に変えるのかなど「意図」を持つからこそ、やるべきことが研ぎ澄まされていくのです。

時間という限られたリソースを有効に使うためにも、狙いをきちんと定め、一挙手一投足に「意志」と「意図」を持ち、愚直に行動し続けること。これは、成果を生み出すための必須の条件です。

リクルートで教わった「よく知る」「好きになる」「あきらめない」という言葉

この章で述べてきた内容をまとめます。

個人の「営業力」を磨くために必要なのは、〝**顧客接点の場数を増やすこと**〟、その場数によって得た〝**成功体験と失敗体験の内省をすること**〟。

行動の質を高めるために必要なのは、〝**高い目標を設定すること**〟〝**一挙手一投足に意図と意志を持つこと**〟です。

これらをかみ砕いて言えば、営業がやるべきことは、**「お客様のためにできること」を必死で考え、お客様と対話を繰り返すこと**です。

その行動によって、「お客様が求めているもの」が手に取るようにわかるようになれば、お客様自身も「あなたがどんな存在なのか」を理解してくださるようになります。

　そのような状態を実現できると、お客様があなたの会社から離れる理由はなくなり、あなたの会社以外が選ばれることはなくなります。これこそが、マーケティングの目的である〝**必然的に選ばれ続ける状態**〟です。


　必然的に選ばれ続ける状態を実現するためにはマーケティングだけでなく、リサーチの考え方を最大限活用し、お客様にとってなくてはならない存在になることを目指します。

リサーチのところでお話しした「すべては〝知る〟ことからはじまる」という言葉は、リクルートでお世話になった部長が言っていた、**「よく知る・好きになる・あきらめない」**という言葉がもとになっています。

お客様のことをよく知るためには、何度も会うこと、会って深く話を聞くこと、対話を繰り返すことが重要です。

　何度も会えば会うほど、相手のことを好きになっていくのは、営業もお客様も同様です。これは、アメリカの心理学者ロバート・ザイアンス氏が提唱した、「ザイアンスの法則」でも証明されています。「ザイアンス効果」や「熟知性の法則」とも呼ばれる、営業として覚えておいてほしい大事な法則の１つです。

営業がお客様のことを好きになればなるほど、「なんとかして役に立ちたい」「成果を出すことをあきらめたくない」という想いが芽生えてきます。そうなれば、あなたの会社の商品・サービスが提供できる価値、お客様の理想を実現するための課題解決につながる方法を、とにかく伝えていけば良いのです。

ただ、恋愛にも、うまくいくときと、そうでないときがあるように、営業がお客様のことを好きになったからと言って、お客様に〝すぐに〟&〝必ず〟振り向いてもらえるわけではありません。

それでも営業であるあなたが、お客様を「知る」ための時間（＝お客様との接点）が多くなればなるほど、お客様からあなたに対しての「ザイアンス効果」も働きます。だからこそ、「顧客接点の場数」が大切になるのです。

ただ、一度断られると、あきらめてしまう営業がいるのも事実です。なぜなら、〝断られる〟というのは、つらい、悲しいことだからです。

「また断られるんじゃないか……」「嫌われるんじゃないか……」などと気にしはじめると、消極的になって、手数が減っていってしまいます。

たしかに、初対面の人のことをいきなり好きになることはあまりありません。しかし、何回も接点を持つことで、相手のことを本気で想っていることや、何かをして差し上げたいという想いも、相手に伝わっていきます。

そして、その想いを無下にするお客様はいないと、私は信じています。

だからこそ、目標を高く設定し、その差分を埋めるために、お客様のためにできることを考え抜く。すぐに見返りを求めずに、一挙手一投足に意志と意図を持って、行動し続ける。個人の「営業力」を磨くには、その繰り返ししかありません。

「営業とは科学」と付くタイトルの本でありながら、顧客接点や成功体験・失敗体験などと言うのは、ある種の精神論的な印象を受ける方もいらっしゃるかもしれません。ただし、そもそも科学とは**「観察や実験など経験的手続きにより実証されたデータを論理的・数理的処理によって一般化した法則的・体系的知識**（『広辞苑　第七版』より）」です。

私がたくさんの試行錯誤（観察や実験）のなかで論理的に一般化した成果に再現性をもたらす法則を、あなた自身が試行錯誤（観察や実験）を繰り返すことで、**〝あなただけの〟再現性をもたらす法則へと昇華させる**ことができるのです。

第5章

組織の営業力は「リーダーの力量」以上に成長しない

まずはリーダーが組織（チーム）としての「戦い方」を定める

営業組織のリーダー（組織長・マネジャー）は、組織に与えられた経営資源（リソース）を最大限に活用し、売上を最大化し続けることが求められます。

そのために、担当する組織が向き合っているマーケットでの「戦い方」と「勝ち方」を定めなければなりません。つまり、**〝戦略（目的を達成するために経営資源をどう使うかの方策）〟を練る**ということです。

プロ野球のチームなどで監督が変わるだけで成績が一変することがあるように、営業の組織も同じ人員で構成されていても、率いる〝リーダー（組織長・マネジャー）〟によって成果は大きく変わります。それは、**「〝人材〟と〝時間〟という経営資源（リソース）をどう活用し、最大の成果を出すか」という命題に対する答えが異なるから**です。

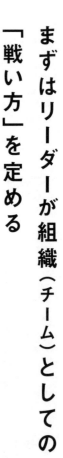

成果を出し続けるために、「お客様に選び続けていただく」ことが重要なのは、個人も組織も同様です。そのためにリーダーがやるべきは、組織が対峙しているお客様全体（＝マーケット）をとらえて、メンバーの個性や能力を見極めながら、マーケティング・プロセスを丁寧に進めていくことです。

ここでマーケティング・プロセスに沿って、リーダーがやるべきことを整理してみます。

営業組織の成果を最大化する「戦略」を練るために、リーダーがまず決めるのは、いまの戦力（＝組織のメンバーの人数と能力）を条件としたとき、**「売上を構成する変数のうち、どの変数を伸ばすか」です。**

（第１章で紹介した）売上の方程式から、いまの戦力であれば、どこを伸ばすのが最も効率が良いのか、売上に与えるインパクトが大きいのかを考えます。

売上＝購入顧客数（１）×１人あたりの購入数量（２）×単価（３）

(1) 購入顧客数＝新規購入顧客(a)＋継続購入顧客(b)
(2) １人あたりの購入数量＝１回あたりの購入数量(c)×購入頻度(d)
(3) 単価(e)＝基本商品価格＋追加費用

まずは、直近の売上の推移を確認し、最も変動している変数、売上の変動に最も影響している変数を確認することからはじめます。

たとえば、売上は伸びているが、顧客数が増えておらず、1人あたりの購入数量が伸びているケースで見てみましょう。

そのときに考えるべきは、「顧客数」と「1人あたりの購入数量」のどちらを増やすかです。どちらがコントロール可能な（狙って動かせる）変数なのか、どちらの変数が、コントロールの実現難度が低く、売上に与えるインパクトが大きいのかを見極めなければなりません。

1人あたりの購入数量を、意図的に動かすことが難しいのであれば、顧客数を伸ばす。反対に、顧客数を伸ばすことが難しいのであれば、1人あたりの購入数量をさらに増やすことを考えるのです。

つまり、売上を伸ばすための変数の中で、コントロールの実現難度と売上インパクトの2軸で、動かすべき変数を考える必要があります。

次に「1人あたりの購入数量を増やす」ということが決まれば、今度は「誰からアプローチをするのか」を定めます。いわゆる、マーケティング・プロセスにおける「STP（マーケティング戦略の策定）」です。

たとえば、「1人あたりの購入数量」を増やそうと考えたときには、1回あたりの購入数量の軸と、購入頻度の軸の2軸で顧客を分解（セグメンテーション）し、どのセグメントの「1人あたりの購入数量」を増やすのかを決めます（ターゲティング）。そのうえで、ターゲットと定めたお客様の理解を深めていきます。

このとき、できる限り**「観測可能な変数（目で見てわかる変数）」で切り分ける**ことがポイントです。なぜなら、「価値観」や「性格」などは、メンバーによって感じ方が異なるので、正確に分けることが難しいからです。

ここまで述べてきたとおり、営業活動の目的は「お客様に選び続けていただくこと」です。だからこそ、「お客様にとってどんな存在（＝ポジショニング）になれば、最も多くのお客様に選んでいただけるのか」をきちんと定めることが重要なのです。

まずは自分の組織が対峙しているマーケットに存在するお客様への「リサーチ」によって、「お客様の特性（お客様の属性、発注内容、発注頻度など）」から似ているお客様をくくり（セグメント）、売上を最大化するために効果的なターゲットを絞る。

そして、ターゲットの理解が進んだうえで、「施策として何からはじめるのか」という「打ち手の優先順位」をつけていきます。そのために、「What（どんな価値を）」「How（どのように提供するのか）」を考えるプロセスが、「コンセプト開発」であり、「4P開発」です。

このように、リーダーはマーケティングをきちんと理解して、マーケティング・プロセスを1つひとつ丁寧に進める必要があります。これが、リーダーの「マーケティングスキル」が組織の成果（組織の営業力）に大きく影響する理由です。

「組織の成果の最大化」＝「メンバーの強みをもとにしたフォーメーション」

組織には、求めているレベルに届いていないメンバーや、一人前になっていないメンバーもいるかもしれません。しかし、それも与えられた条件として受け入れ、勝てる組織（チーム）をつくることができるか。ここは、リーダーの腕の見せどころです。

いわば、リーダーは成果を最大化するために「（メンバーの）個人の営業力」を最大限に引き出し、かつ組織としての成果（＝組織の営業力）も最大化しなければならないのです。

たとえ戦力不足だとしても、それを言い訳にするのではなく、「どんな組織であれば成果を最大化できるのか」「どうやったらメンバーのパフォーマンスを最大化できるのか」を考え抜かなければなりません。

〝マネジメント（management）〟のもとになっている〝manage〟という言葉は、**「やり繰りする**

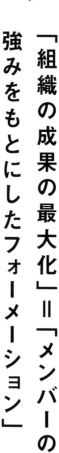

／**なんとかやり遂げる」**という意味です。この言葉が示すように、成果を出すためにリーダーがすべきは、いまの戦力をやり繰りしながら、「なんとか勝つための戦略を描く」ことです。

私は、営業組織の戦い方は、野球に非常に似ていると考えています。

野球は1チーム9人のプレイヤーで戦う「チームスポーツ」です。しかし、攻撃のときに、ピッチャーと対峙するプレイヤーはバッター1人であり、バッター個人の成果の積み重ねがチーム全体の成果に影響するなど、チーム同士の戦いのなかに「個人としての戦い」が含まれています。

また、1番から9番まで打順がありますが、決して序列(優劣)ではありません。チームとして最も攻撃力が上がるように、個性を見極めたうえで配置を決めています。

営業組織も同様に、追いかけているのは組織としての成果(売上)ですが、最小単位は個人の成果(売上)です。

リーダーは、メンバー1人ひとりの力をどう伸ばし、組織としていかに成果を出すのかが問われるのです。そこで考えるべきは、**「メンバーの強みを活かしたフォーメーション(=適材適所の人材配置)」**です。

1人ひとりのメンバーには個性があり、強みも弱みも人それぞれ違います。組織で戦うことの面白みは、誰かの「弱み」を誰かの「強み」で補完し合い、成果が最大化することです。

そのためには、リーダーはメンバーの強みと弱みを深く理解したうえで、それぞれの強みをもとにしたフォーメーションを構築していきます。

P・F・ドラッカー氏も著書『マネジメント』（ダイヤモンド社）の中で、こう述べています。

人が何かを成し遂げるのは、強みによってのみである。弱みはいくら強化しても平凡になることさえ疑わしい。強みに集中し、卓越した成果をあげよ。

要するに、メンバーの「強み」を最大限に発揮させることがリーダー（組織長・マネジャー）の役割なのです。

たとえば、B2Cの営業であれば、「購入条件が複雑で要望の多いお客様」にはベテランの営業担当をつけ、発注単価を上げられるようにする。また、「購入までのスパンが短く、条件が明確なお客様」には若手の営業担当をつけ、多くの件数をこなせるようにする。

B2Bの営業であれば、大手企業にベテランを充てる。伸びしろのある企業に優秀な営業を充てる。

などなど、お客様の特性に合わせて営業担当を変えるのも1つの手です。

「成果を最大化するうえで、与えられた経営資源（リソース）をどこにどう配分するのか？」という戦略の本質がここにあります。

リーダーに必要なのは、「メンバーの個性を深く理解し、担当するメンバーを差配すること」と「メンバーの頭と心の中を深く理解し、メンバーの認識を変えるためのコミュニケーションをとること」。つまり、メンバーを対象にした「リサーチ」なのです。

「組織の状態目標」×「組織のコンセプト」＝「組織全体のベクトル」

最も組織の力が発揮されるのは、**組織（チーム）全員の目線が「組織の目指す方向」へとそろったとき**です。

高校の数学で習う「ベクトルの和」は、同じ方向に向いたときに最も大きくなります。同様に、組織を構成するメンバーが向いている方向がそろったときに、ベクトルの和は最大化し、推進力が強くなります。

２０１９年ラグビーW杯で、日本代表が世界の強豪アイルランドを倒したことを例に挙げてみます。彼らが勝つことができたのは、１人ひとりが勝つ方法を考え抜き、勝ったときのことをリアルに想像したからです。

どのようなゲーム展開になるのか、その展開では、どのようなプレーが必要か、そのときに必要な能力は何かを、現状との差分に向き合い続け、必要なことを徹底的に洗い出し、準備してきたのです。

そして、チーム全員が「勝ちたい」と本気で思い、本気で「勝てる」と思えるようになった。つまり、**チーム全員のベクトルの和が最大になった**からこその結果です。

営業組織が成果の最大化を目指すときにも、メンバー1人ひとりのベクトルの向きをそろえ、和を最大にするのです。

そのときに大事なのは、「新規顧客を100人獲得するぞ！」というような数値目標を掲げるだけではなく、「一度購入してくださったお客様の2人に1人が紹介してくださる状態」など、数値目標が達成したときの**〝状態目標（＝ありたい姿）〟をリアルに描く**ことです。

そのうえで、リーダー（組織長・マネジャー）が、**〝組織のコンセプト〟**を設定します。〝組織のコンセプト〟とは、「どんな価値を提供する組織なのか」を言語化したものです。そこには、「あなたの組織がお客様に提供する根源的な価値」や「組織として大事にすること」が詰まっています。

私がマクロミルで設定した「ドラえもん×三河屋のサブちゃん」という組織のコンセプト

は、「プロジェクトが発生したときに、一番はじめに連絡をもらえるようになる」という状態目標をもとにしたものです。

当時、「年間発注金額トップの企業の売上を3年で2倍にする」という売上目標を掲げ、次の方程式から戦略を考えていきました。

「売上＝自社が解決できる課題の総量×自社が選ばれる確率×課題解決にかかる費用」

そして、「マクロミルが把握しているお客様の課題を増やす」「解決施策として選ばれる確率を上げる」という2つを実現することを目指しました。

そのためには、お客様のところに定期的に足を運んで対話を繰り返す（三河屋のサブちゃん）だけではなく、何らかのプロジェクトがはじまるタイミングで、すべて相談をいただける状態（ドラえもん）をつくらなければなりません。

お客様が「第三者に相談したいシーン」×「ちょっと話を聞いてほしいシーン」を狙い、ふらっと相談できる、気軽に電話できる相談相手になりたいと考えたのです。

第1章で述べた通り、「コンセプト」は、お客様への言葉遣いや所作、資料など、すべてのお客様との接点において、体現されるべきものです。場合によっては、お客様に対して、組織のコンセプトそのものを伝えることも有効です。

マクロミルのときには、〝組織のコンセプトブック（冊子）〟をつくってお客様に配り、お客様に「われわれの組織が提供する価値」を宣言したこともありました。組織の状態目標とコンセプトを率直に伝え、われわれが何をするのか、どんなことができるのかを、冊子とともに直接お会いしてお伝えしたのです。

すると、お客様のマクロミルに対する認識が変わり、今までご連絡をいただけなかったタイミングで、お客様からご連絡をいただけるようになりました。

組織の状態目標（ありたい姿）と組織のコンセプトを理解し、「本気で実現したい」という想いを持ったメンバーは、自分の強みを活かして組織に貢献しようとします。その輪が広がっていくと、組織の力はとても強力なものになっていきます。

「One for All , All for One」という言葉の本当の意味は、**〝1人はみんなのために、みんなは1つの目的のために〟**というものだそうです。

営業が商談に行くときは、だいたい1人です。商談がなかなかうまくいかなかったとき、1人でいるとつらかったり、さびしかったりする瞬間があります。

そんなときに、周りのみんなが同じ方向を向いて頑張っていると思えるだけで、もうひと踏ん張りできたりするものです。そうなるのは、みんなが同じ方向を見て、「こんなふうになりたい」という目線がそろい、組織のベクトルの和が最大化したときなのです。

「組織のアタリマエレベル」がメンバーの行動の質を決める

「組織が何をアタリマエとしているか」によって、メンバーの行動のレベルは変わります。組織としての最低保証品質を、私は「アタリマエレベル」と呼んでいます。

ただし、「アタリマエレベル」は、その人が育ってきた環境によっても変化します。あなたの組織のメンバーも、「これまで組織で何を求められてきたか」「何を教わってきたのか」によって、「アタリマエレベル」は大きく異なります。

先述したように、リーダーは、組織の成果を最大化するのがミッションです。そのためには、メンバーに組織のコンセプトを体現した「アタリマエレベル」の動きをしてもらわなければなりません。

たとえば、いまの私の組織では「商談の前は、必ず準備の時間を1時間とってシナリオを見直す」「商談後は、お客様に対して今日のまとめと御礼のメールをお送りする」などの基本的な行動をアタリマエにしています。

しかし、リーダーが逐一指示を出さなければメンバーが求めた動きをしないというのは、リーダーにとってもメンバーにとっても望ましい状態ではありません。だからこそ、リーダーが何も言わなくても、**組織が求めるレベルの行動を「メンバーが勝手に身につけ、実行できるようになる」**ことを目指すのです。

そのために大事な3つのポイントがあります。

1 「アタリマエレベル」を高く設定すること

まず、組織として全員にどのような「アタリマエレベル」を意識してほしいかを定めます。「アタリマエレベル」がメンバーによってバラバラになると、組織の成果も変わってしまうからです。

プロローグでも紹介したリクルートの「営業ラジオ体操」は、まさに「アタリマエレベル」を規定し、組織に浸透させた好例です。

「営業ラジオ体操」は、トップ営業がやっている基本的な行動を言語化し、組織としてこれを大事にして、これをやらなければならないというルールにしたものです。そうすることによって、組織にいるメンバーの「アタリマエレベル」を引き上げることができます。

さらには、「アタリマエレベル」を浸透させるための施策として、リクルートでは「ラジオ体操を徹底した人」を表彰し、徹底的に評価していました。そうすることによって、「これをやれば評価される」「これをやれば良いのだ」ということが組織に浸透していきます。

さらに、営業ラジオ体操ができていない人がいると、「営業ラジオ体操の動きしてなくない？」と、メンバー同士で指摘し合いはじめます。そうやって、組織の「アタリマエレベル」を設定することで、メンバーの行動の質が磨かれていくのです。

2 仕組みと仕掛けを整えること

中には、求める「アタリマエレベル」に自分では到達できないメンバーもいます。そこで大事になるのが、**〝仕組み〟と〝仕掛け〟**です。

〝仕組み〟とは、業務フローの設計やツールの整備など、仕事がうまく進むための構造を整えることです。〝仕掛け〟とは、インセンティブの設計や社内の賞レースの設置など、思わず行動を起こしてしまうような施策を用意することです。つまり、メンバーがやってみると一定のレベルにまで到達できる仕組みをつくり、メンバーがそれをやりたくなるような仕掛けを用意するのです。

たとえば、数字の管理が苦手なメンバーが多いのであれば、数字の管理を得意にするよりも、苦手なメンバーでも数字の管理ができるようなツールを用意する。お客様への電話対応が苦手なメンバーがいれば、外注などの手段を模索する。そのうえで、〝いま〟できないことではなく、〝アタリマエレベル（＝約束したこと）〟をやったか・やっていないかの行動に着目します。

メンバーがやるべき仕事に集中できる環境を整え、強みを最大限発揮できるような環境をつくるのも、リーダーに求められる大事な仕事です。

3 メンバーに対してのリスペクトを忘れないこと

リーダーが忘れてはならないのは、「メンバーは全員、自分にはない個性を活かして仕事に向き合ってくれている」ということです。だからこそリーダーは、目の前の仕事に向き合ってくれているメンバーに感謝し、その個人をリスペクトすることが大切です。

マクロミルには「称えてミル」という四半期に1回、特定の人に感謝を伝えたり、仕事を称えたりする制度がありました。

また、現在私がいるhomieでは、「Hey Taco!」というピアボーナス制度を導入し、毎日誰かが誰かに感謝をしています。

日々のさりげない気遣いや、日々の成果に対して、メンバーが称え合う仕組みをつくることによって、お互いをリスペクトし合う文化が醸成されていきます。

メンバーが「アタリマエレベル」の仕事をしているのは、決して当たり前のことではありません。リーダーがそのことを認め、感謝し、メンバーも自分の強みや組織の役に立っていることを実感できると、「褒められた部分をもっと伸ばそう！」「自分の強みで組織の役に立とう！」という気持ちが生まれるのです。

組織が目指す状態目標（ありたい姿）を達成するために、メンバー1人ひとりの力を結集する。これが、組織の醍醐味であり、組織づくりの面白さでもあります。

高校野球の甲子園常連校は「勝つために必要なこと」を深く理解している

私は、自分が預かる組織を「人材輩出組織にしたい」「人が替わっても成果を出し続けられる（再現性の高い）強い組織をつくりたい」と常に考えています。そして、再現性の高い組織の一例が、〝高校野球の甲子園常連校〟だととらえています。

どんな高校の部活動でも当てはまるのは、3年生が、最後の大会後に100％引退するということです。高校野球の場合、4月に1年生が入部してきた4か月後には、3年生は引退します。

つまり、固定したメンバーで戦えるのは、3年生が抜けた夏の大会のあとから、次の春の県大会までの半年間。その間、監督は、与えられた条件でどうやって勝っていくか、誰にどんな役割を与えるか、誰のどんな特長を磨くのかというところから組織の戦い方・勝ち方を見出さなければなりません。

半年後には新戦力が入ってくるので戦力補強はできるものの、入ってくる1年生の力量しだいでまた戦い方は変わります。しかも、入ってきた1年生を育てようとどんなに頑張ったとしても、必ず3年の夏を最後にいなくなります。

その間に与えられる甲子園出場のチャンスは5回。さらに、参加校が多い都道府県では150校以上もの高校が同じ目標に向かっているのです。

これをビジネスに置き換えると、毎年新入社員はコンスタントに入ってくるものの、入社3年後の離職率は100％。まったく同じ業界において、競合が150社以上ある状況で、1位になり続けることを求められているというわけです。

そのようななか、成果を出し続けている甲子園常連校は、もちろん選手のレベルも高いですが、監督の手腕が素晴らしいと感じます。

限られた期間で、成果を出すために何をすべきか。現チームの戦力を見極め、どのように勝っていくのかを考え、導くことに長けています。

甲子園常連校が、成果を出し続けられるポイントは、次の4つです。

1 全員の目標が明確であること
2 目標に対する選手（メンバー）の強いコミットメントがある
3 目標達成に対して、選手（メンバー）が努力を惜しまない
4 選手（メンバー）の個性を伸ばす指導方法が確立されている

「甲子園出場」という全員共通の目標があり、そこを本気で目指しているからこそ、個々人が頑張れるし、厳しい練習も乗り越えられるのです。

さらには、監督自身の指導方法やノウハウがきちんと体系化されています。選手たちの個性をどう見極め、どの長所を伸ばすべきか、どの短所を補うべきか。長年の経験で培われた選手を見るポイントをもとに、その中でどう矯正していくのか、伸ばしていくのかの方法も確立されています。

それらに加えて、個性に合わせたコミュニケーションで動機づけをしているのです。

現有戦力を所与の条件としてどう扱うか。与えられた環境とどう向き合い、どう進んでいくのか。これらには指導者の力量だけではなく、指導者自身の人間性も試されます。

「目標設定をしさえすれば、メンバーが頑張って達成できる」というような、そんな楽な話は

ありません。人心掌握しかり、メンバーの理解しかり、そのあたりをいかに高いレベルで行うか、高い視座でとらえるかが重要になってきます。

一方、ビジネスの現場では、会社や組織が描くゴールと個人が描くゴールは必ずしも一致しないケースのほうが多いように思います。

高校野球のように、「甲子園」という明確な、誰しもが憧れる聖地のような場所があれば導きやすいという側面もありますが、会社や組織になると、さまざまな〝大人〟が働いている関係上、ゴールの設定が非常に難しいと感じることが多いです。

そのようなときに大事なのが、リクルートでよく使われている「Will・Can・Must」の考え方です。「会社の目指す姿（Will）」と「個人の目指す姿（Will）」をどう重ねていくか、1人ひとりとすり合わせることが重要です。

そして「会社の目指す姿（Will）」に対して、「個人に与えられたやるべきこと（Must）」をクリアすることで、「できること（Can）」が増える。その結果、「個人のWill」にどう近づくのか。

そのためには、メンバー1人ひとりと向き合うことが必須です。

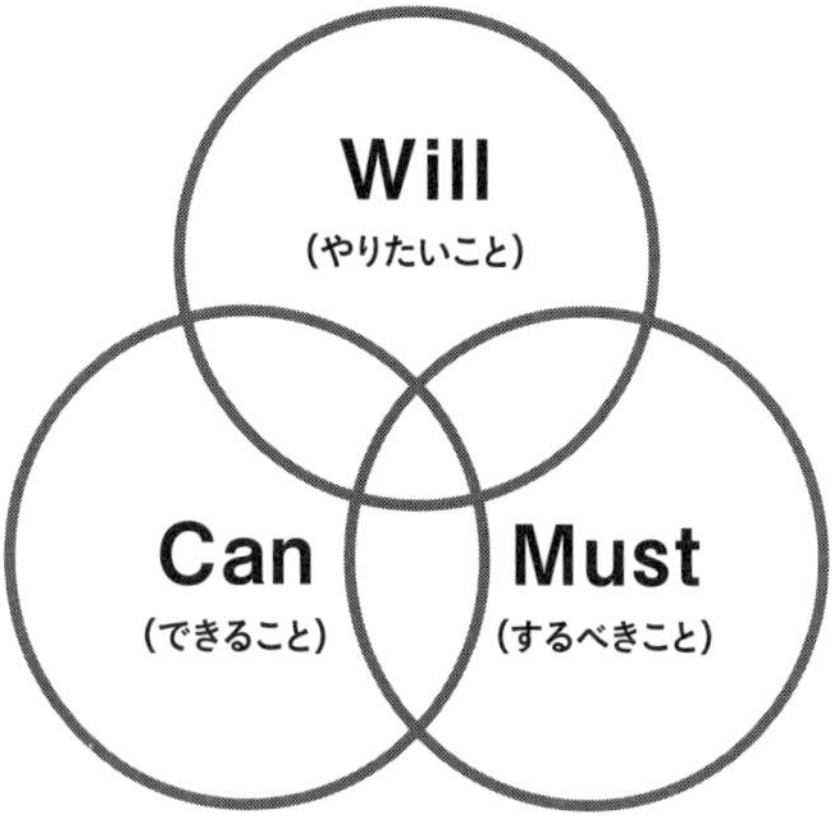

近年、「１on１」の重要性が説かれているのは、まさにこのことが要因です。

個々の多様性を大事にしながらも、成果を継続的に出せるような再現性の高い組織をつくるために、メンバーに対しての「リサーチ（頭と心の中を深く理解すること）」と「マーケティング（認識を変え、自分たちの組織を選び続けてもらうこと）」が欠かせない理由でもあるのです。

リーダーがやるべきは「メンバーが学ぶ機会」を提供すること

どれだけチームの雰囲気が良くても、やはり個々のメンバーの「営業力」が高くならなければ、組織は強くなりません。ましてや営業の採用難易度が高くなっている昨今、優秀な一流の営業ばかりを採用できる組織はまずありません。

そのため、既存のメンバー個々人の「営業力」を少しでも引き上げるべく、モチベートしながらスキルを磨いていくことが重要になります。取り組むべき順番は「スタンス→スキル」であり、お客様に対しての向き合い方や仕事のとらえ方からです。

まずメンバーのスタンスは、組織のコンセプトに見合ったものでなければなりません。なぜなら、組織におけるコンセプトとは「組織としての提供価値」を定めたものであり、そこから外れてはならないからです。

たとえば、「ドラえもん×三河屋のサブちゃん」というコンセプトを設定した組織のメンバーが、お客様の悩みにまったく耳を傾けずに、自分の売りたい商品だけを提案していたら、もちろんコンセプトが体現できているとは言えません。お客様の悩みに耳を傾け、お客様の実現したいことの支援をすることを常に中心に置いて行動する必要があります。

また、仕事のとらえ方についてもチームで認識をそろえます。とくに、「営業は売ることが仕事だ」と認識しているメンバーには、本書の内容を活用して「営業という仕事」に対する認識を変えていきます。

次に、メンバーのスキルを磨くうえで大事にすべきは、**リーダーは「メンバーが〝学び〟を得ることができる〝場〟や〝機会〟を提供すること」**です。アインシュタインも１００年以上前に、**「The only source of knowledge is experience.（何かを学ぶのに、自分自身で経験する以上のものはない）」**と言っています。つまり、人が学びを得るためには、経験が最も大切なのです。時代は変わっても、ＯＪＴ（On the Job Training）が有効だということです。

しかし、経験から学習できるメンバーとできないメンバーが存在します。１９３ページで紹介した『経験からの学習』（同文舘出版）で、著者は経験から学ぶ力について次のように述べています。

適切な「思い」と「つながり」を大切にし、「挑戦し、振り返り、楽しみながら」仕事をするとき、経験から多くのことを学ぶことができる。

つまり、これまで本書で述べてきた言葉で言い換えると、**「組織のベクトルをそろえて一体感を醸成し、個人が正しいスタンスを身につけたうえで、顧客接点の場数を増やし、成功体験・失敗体験の内省の質を上げること」**となります。

経験からの学びを最大化するには、メンバーが〝いま〟できる範囲の仕事だけ任せていても、成長は望めません。やったことのない仕事や、少し苦手意識のある仕事、1人では解決できないような仕事に**〝挑戦する機会を与えられるか〟**が肝になります。

そのためにリーダーがやるべきは、メンバーとの「1on1」などを通して、個性や強みを活かす方法を見出し、すり合わせることです。

さらには、メンバーが、与えられた時間のなかで〝お客様との接点〟にどれだけの時間を使えているのか。単純な時間の長さ（長短）ではなく、いかに濃い時間を過ごすか（濃淡）を意識

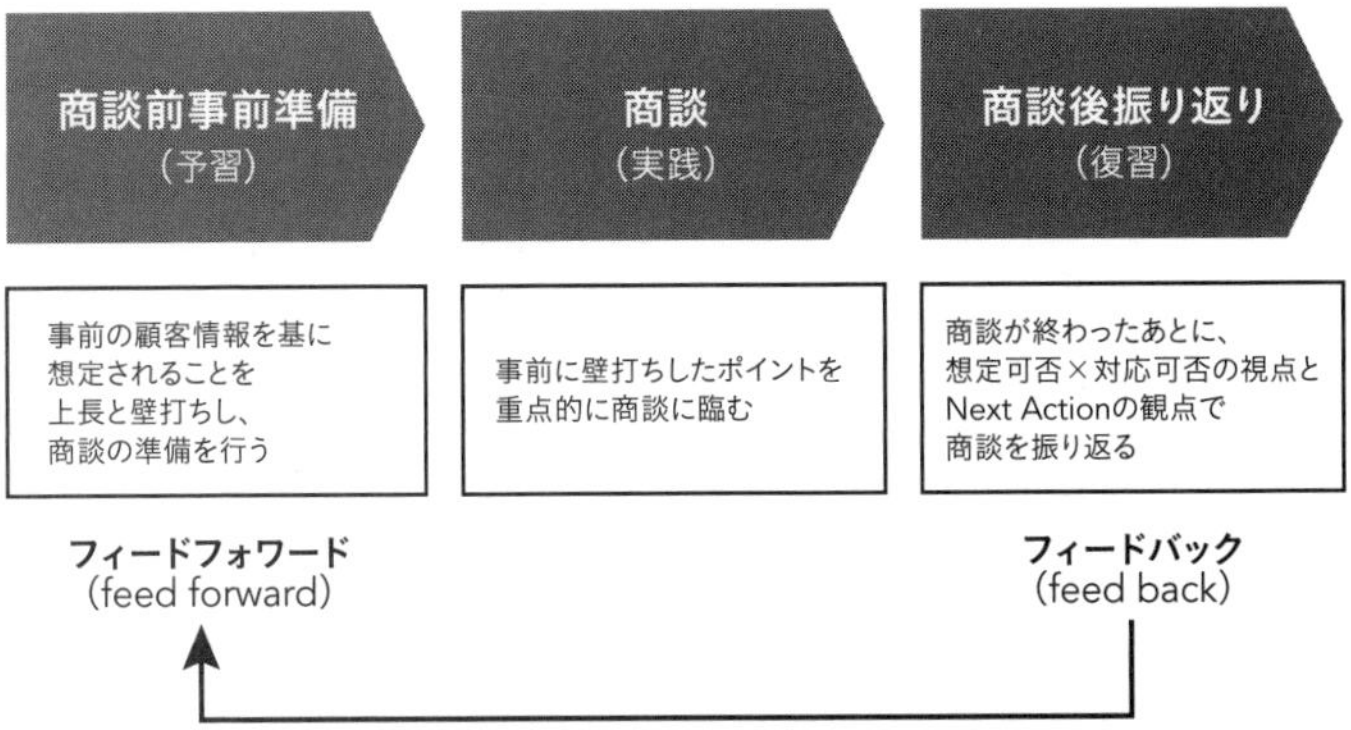
商談前事前準備
（予習）
商談
（実践）
商談後振り返り
（復習）
事前の顧客情報を基に
想定されることを
上長と壁打ちし、
商談の準備を行う
事前に壁打ちしたポイントを
重点的に商談に臨む
商談が終わったあとに、
想定可否×対応可否の視点と
Next Actionの観点で
商談を振り返る
フィードフォワード
(feed forward)
フィードバック
(feed back)

フィードバックを事前準備に活かす学習ループの設計

することが重要です。

リーダーがメンバーにとっての**〝学習の架け橋〟**となり、経験から学びを得るための視点を与えてあげなければなりません。そこで有効なのが、「フィードフォワード（事前準備）とフィードバック（振り返り）の学習ループ」です（上の図）。

メンバー育成の方法として、「ＯＪＴ（商談経験）」と「フィードバック（振り返り）」を中心に行っている企業も多いと思います。ただし商談の振り返りと言っても、1時間や2時間の商談のなかで発生したすべての事象に対して触れられるわけではありません。

たとえば、メンバーが1人で商談に行った場合の振り返りは、本人が気になったことを述べ、それに対してのフィードバックが中心になるため、大事な部分に目が行き届いていないケースも出てきます。

メンバー自身のものさしだけで「できたこと」「できなかったこと」を振り返ることを避けるためにも、「フィードフォワード（事前準備）」が重要なのです。

「フィードフォワード」とは、第4章で述べた、私がメンバーとよくやっている作戦会議もそうです。メンバーが商談でどういう状態を目指すのか、そのために必要な想定をし、準備ができているのか、過去の成功体験で活用できるものはないか、メンバー個人の強みをどのように活かすのかについて確認します。

作戦会議をメンバーと一緒にすることで、メンバー本人にはなかった視点の提供や、意識すべきポイントなどの気づきを与えることができます。それによって、**〝商談の精度〟**と**〝商談を通した学びの質〟**が変わります。

また、フィードバックについても、「想定通りだったこと／想定と異なったこと」×「できたこと／できなかったこと」という軸で振り返ります。メンバーが良かったポイント、ダメだったポイントを〝具体的〟に理解することができるので、次からの動き方が変わります。

これらを繰り返すことで、1件1件の商談からのメンバーの学びが深くなるのです。

「お客様のために何をやったのか、何を実現できたのか」というプロセスで競わせる

リーダーは、メンバーへの**「学ぶ機会の提供」**と同時に、**「学びを歓迎する組織風土の醸成」**も大切です。なぜなら、組織の雰囲気はメンバーの能力向上に大きな影響を与えるからです。

たとえば、お互いに困ったことがあったら、頼り合える関係性になっているのか。組織の中で、業務経験談（失敗体験と成功体験）が共有されているのか。これらは、メンバー同士の信頼関係ができているかどうかにかかっています。

その土台となるのが、「学びを歓迎する組織風土」です。

メンバー同士が気軽に相談できる関係性には、組織内での相互承認が欠かせません。相互承認が醸成されるためには、「自己理解→自己開示→相互理解→相互承認」という４つのプロセ

スを踏む必要があります。

まずはリーダーが、メンバーそれぞれが自分自身のことを理解し、「自分はこんな人間である」と周りに対して開示できる状態をつくります。

しかし、なかなか自己開示できないメンバーもいるかもしれません。だからこそ、まずはリーダー自身が、自己理解を深め、積極的に自己開示します。

さらに、リーダーは、メンバーの自己理解を深めるサポートをし、自己開示を促します。そうやって組織全体で、相談しやすい環境や、業務経験談ができる信頼関係が構築されていくのです。

次のステップとして、リーダーは**〝メンバー間で適度に競わせること〟**を意識します。

メンバー間で競わせるときのポイントは、**売上などの〝結果指標〟ではなく、結果を出すまでの〝プロセス〟と〝行動の中身〟にフォーカスすること**です。

たとえば「売上が多いほうが勝ち」というルールにしてしまうと、どんな手段であっても売上をあげたほうが偉いという構造になってしまい、メンバーが売上の額で競うようになってしまいます。

そうではなく、**「いかに結果が出るまでのプロセスにこだわったのか」と「いかにお客様の**

ためになったのか」という、この2点をルールにするのです。みんなでプロセスやノウハウを共有することを大事にすると、組織の良い雰囲気を保ったまま、建設的な競争意識が生まれます。

リクルートのMVP表彰（月間・四半期・年間）も、〝プロセスに対する表彰〟です。もちろん、目標達成という結果が前提にはなりますが、達成率が高いだけ、売上額が大きいだけで表彰されることはありません。

組織の掲げている戦略に沿った行動を、〝求められる水準以上に〟実行していたか、お客様からお預かりした予算を成果としてお返しすることができたのかが問われます。そのような前提で選出された表彰者は、自分の取り組んだ仕事について、全体会議で共有します。

この「表彰の仕組み」は、リーダー（組織長・マネジャー）にとって、表彰者にとって、メンバーにとって次のような意味を持ちます。

【リーダーにとっての意味】

組織として注力したい施策や方針を、表彰者の発表を通じて組織全体に周知できる。〝評価される仕事〟が明確になり、メンバーの〝良い仕事〟に対する目線がそろう。

【表彰者にとっての意味】

全体会議での共有を通して、自身の仕事が評価されたポイント、取り組みが成功したポイントを棚卸し・言語化することで、成果の再現性が増す。

【メンバーにとっての意味】

成果を出すためのナレッジやノウハウなどを自分の仕事に取り入れられる。評価されるポイント、求められるレベルの理解が深まり、やるべきことが明確になる。

また、プロローグでも紹介した、リクルートの「ナレッジ共有大会（通称：ベスプラ）」も建設的な競争意識を高める好施策です。

半期に一度、「自分が一番こだわった仕事」というテーマで、自分の出した成果のプロセスをプレゼン形式で競い合います。チーム予選、グループ予選、営業部予選を通過したメンバーが全国大会に出場し、グランプリを目指します。

ＭＶＰ表彰の場合は、組織の戦略に基づいた行動のレベルによって選定されますが、ベスプラの場合、評価項目は「新規性」「意外性」「汎用性」「再現性」「成果のインパクト」「熱意」

の６つの指標で評価されます。つまり、どれだけ斬新で意外性のあるアイデアでも、「汎用性（ほかの人が広く使えるか）」や、「再現性（同じような成果が出るのか）」がなければ勝ち上がることはできません。

この「ベスプラ」が開催されている間、リーダー（組織長・マネジャー）はメンバーの棚卸しや言語化をサポートし、予選を勝ち上がるためのプロセスを通じて、メンバーが発表する内容を磨き込んでいきます。そうすることによって、全国大会での発表は、６つの評価項目が非常に高く、甲乙つけがたい内容へと進化していくのです。

私は、この施策をマクロミルでも取り入れましたが、やはりメンバーの仕事のとらえ方が変わりました。売上ばかりに目がいっていたメンバーがプロセスにこだわるようになる、お客様との向き合い方に迷っていたメンバーの取り組みが進化していくなど、この施策の「汎用性」と「再現性」が高いことも実際に証明済みです。

このように、**「お客様のことを考え抜き、成果を出したプロセス」**で競い合い、全員でそのプロセスを共有することで、個人の知見が組織の知見に昇華され、組織のアタリマエレベルが上がるのです。

ただし、**〝やったこと（＝打ち手）〟の披露だけでは不十分**です。どんなことを考えたのか、何を思ったのか、何を問題ととらえ、どのような課題設定を行ったのか。やったこと（＝打ち手）の裏にある背景や考えが重要です。

ちなみに「個人の営業力」が高い人は、これらを1人でやっています。過去の自分の成功体験を棚卸しして、成功の要因を丁寧に振り返り、次に同様のケースが起こったときに同じことができるようにしているのです。

組織（チーム）として、もっといい仕事ができないかを常に模索し続ける。そのうえで、個々人に足りない要素を正しく認識し、ほかの人の成功事例や成功体験に常に気を配り、新しいインプットを貪欲に繰り返す。この動きを、さらに組織（チーム）全体で実行することによって、メンバー個人の力がかけ合わさり、組織の力が増幅していくのです。

「チーム全員でのリサーチ」＝「組織全体の提供価値」

お客様の頭と心の中を深く理解する（リサーチ）ために、１人の営業が集められる〝刺激〟と〝検証〟の材料の量には限界があります。それに１人だと偏った材料ばかり集まってしまうという、いわゆる〝確証バイアス〟も働きがちです。

だからこそ、チーム（組織）全員で、お客様を理解するための材料を集め、みんなで理解を深めていくことが、チーム（組織）の提供価値の最大化につながります。

複数の人がリサーチをして集めてきたデータや事実をもとに、チーム全員で議論し合うことによって、メンバー１人ひとりが得る情報の質が高まります。さらに、独りよがりの主観から抜け出し、メンバーの発想も広がります。

チーム全員で材料を集め、共有することによって、「もっと○○な提案をしたほうがいい」

「この商品・サービスは、□□と伝えたほうがいい」など、提供価値に対してのアイデアが出てくるからです。

このように、組織内での「共有」と「議論」を、日々の業務のなかに取り込んでいくことで、組織全体の提供価値が高まるのです。


「チーム（組織）全員でのリサーチ」が行われているかのバロメーターは、〝**オフィス（職場）でお客様についての会話**〟**が生まれているかどうか**です。

リクルートでは、営業から帰ってくると、今日あったことをみんなで話すのがいつもの光景でした。

お客様の話、サービスについての反応の話など、うまくいったこと／いかなかったこと、それはなぜなのかについて、みんなが集まってよく話をしていました。ほかのメンバーが何をしているのかがわかったり、自分の担当ではないお客様の情報が提案を考えるうえでのヒントになったりするなど、たくさんの気づきがありました。

リモートワークが中心の企業も増え、オフィス内での偶発的な会話が減ったからこそ、「メンバーが日々拾ってきた情報が集まる仕組み」と、「メンバー同士でお客様の理解を深める環境や文化」をつくることは、組織の提供価値の最大化につながります。

しかし、メンバーに「みんなで情報を共有しよう！」「みんなで理解を深めよう！」といきなり言っても、思ったような反応が返ってこない（＝意見が出てこない／出てきても活性化しない）ことがほとんどです。それを乗り越えるためにリーダーがやることは、**リサーチのための〝ファシリテーション〟**です。

職場のオープンな場（フロア）で、メンバーに情報を求め、その情報に対しての意見をほかのメンバーに求める。その意見を自分なりに解釈したうえで、その解釈をまた誰かに伝える。その間に帰ってきた営業も巻き込んで、話を聞いてみる。その**フロア内の〝場を回す役割〟をリーダーが担う**のです。

そうすることで、たくさんの情報（＝リサーチのための材料）がリーダーのもとに集まります。それを、リーダーがメンバー全員に対して、「〇〇だと思うんだけど、どう？」と投げかけることによって、メンバーにとっても〝気づき〟や〝発見〟となります。

もし、リモートワークが中心で、メンバーが直接顔を合わせる機会が少なくなってきたのであれば、オンラインミーティングであっても、定期的に全員が顔を合わせる機会をつくる、Slack や Teams などのチャットツールを使って、日々の情報を共有できるようにするなど、仕掛けや仕組みによって、チーム全員でのリサーチを推進する方法を模索し続けることが大切です。

私は、「今日なんかいいことあった？」と聞くことをメンバーに宣言し、営業から帰ってきたメンバーにランダムに聞いています。

私が宣言することによって、メンバーは、それ（＝今日なんかいいことあった？）を聞かれると思って帰ってくるので、報告することを考えてくれるようになります。さらには、聞かれることが前提になると、メンバーは報告（アウトプット）をするために情報収集（インプット）の量を増やす、商談の質を高めることを意識してくれます。

メンバーが、今日の商談のなかで「報告できることはあるか？」「帰ったら何を話そうか？」を考える。そうやって、アウトプットを前提にすることでインプットの効率もアップするのです。

１人ひとりに「役割」を与えることで、当事者意識と帰属意識が醸成される

組織の成果を最大化させるために最も重要なのは、**メンバー全員が「組織の目標（状態目標・売上目標）を達成したい」「組織として高い成果を出したい」と本気で思える状態になること**です。

まず、メンバー1人ひとりが「この組織は、自分の組織だ」と認識し、組織の目標を自分事としてとらえていなければなりません。つまり、**〝組織に対する帰属意識〟と〝組織の目標に対する当事者意識〟**を育むことがとても大切です。

ただし、〝帰属意識〟と〝当事者意識〟は、リーダーが「持ちなさい」と言って持てるものではなく、日々の行動を通して育まれていくものです。この2つの意識を生むために有効なのは、**メンバー1人ひとりに〝役割〟を与えること**です。もちろん、人事制度上で役割を与える

ことも重要ですが、やはり、人は、〝自らがやりたい（と思える）仕事〟に対しては、モチベーションも高くなり、行動や結果の質も上がるものです。

メンバーの個性や特性を見極めたうえで、まずメンバーが「自らやりたい」と思えるように仕事（＝任せる役割）の内容を伝え、「強みを活かすために」「苦手意識を克服するために」などの**〝意味〟を載せて役割を任せる**のです。

私がはじめて営業部長に就いたときの組織（約20名）は、ほとんどが入社3年以内の若手でした。まずは個人の力を強化しながら、組織全員の力で成果を出すことを目指し、やるべきことを次の3点に設定しました。

1 顧客接点の場数〟を増やす
2 〝成功体験・失敗体験〟を共有し、組織知を蓄積する
3 組織全員の〝目線をそろえる〟

組織の方向性についての目線は、メンバーとの「1on1」や全体会議での方針共有などのコミュニケーションを通じて、ある程度はすぐにそろいました。

しかし、「商談に行こう！」「事例を共有しよう！」と言っても、なかなか週のアポの数は増えず、成功体験・失敗体験の共有も進みませんでした。しかも、この状況は「週の平均アポ件数」と「事例の共有件数」にインセンティブをつけても変わらなかったのです。

そこで、なんとかこの状況を打開すべく考えたのが、**組織の重要指標（アポ数と事例共有数）が高いメンバーと低いメンバーを混ぜた分科会**をつくることでした。分科会のメンバーが「どうやったら組織の重要指標が伸びるのか？」ということに向き合い、分科会が提案してきた施策を組織全員が実行するかたちにしました。

結果、分科会のメンバーは、自分たちが考えた施策なので一生懸命実行しますし、それ以外のメンバーも組織の仲間が考えた施策なので、協力体制も生まれます。さらには、メンバー同士でのコミュニケーションが活性化し、１人ひとりが組織のみんなのことを考えるようになりました。

この組織は1年間しか担当できず、成果が出はじめるタイミングで異動になりましたが、いまでも「あの組織、すごく楽しかったよね」と話が出るほど、帰属意識も強かったです。

メンバーにはそれぞれ個性があり、強みがあります。だからこそ、リーダーは、１人ひとりに合わせた「役割」を任せることで、「何を伸ばすべきなのか」という〝頑張るポイント〟の認識をそろえるのです。

「期待に応えたい」「与えられた役割と責任を果たしたい」という想いが生まれることで、メンバーの行動や結果の質は変わります。組織で与えられた役割を全うして成果が出はじめると、メンバーは「自分の努力と思考が組織を支えている」という実感を味わうことができます。それによって、**「この組織は、自分の組織だ！」**と胸を張って言える状態になっていくのです。

ドラえもんは「メンバーの育成」に大事なことも教えてくれる

メンバーの育成で何よりも大事なのは、**リーダーがメンバーの成長を心から願い、メンバーに向き合うこと**です。

ドラえもんとのび太くんの関係を見ていると、「メンバーの育成って、こういうことだよなぁ」と心から思うことがあります。「こういうこと」とは、ドラえもんがのび太くんの幸せと成長を心から願い、のび太くんに向き合っていることです。

そのうえでドラえもんは、のび太くんに寄り添い、話を丁寧に聞き、何が問題なのか、問題を解消するための課題が何なのかについて一緒に考えているのです。

また、課題解決のための打ち手（ひみつ道具）を与えることもあれば、ときには厳しいことを言いながら、のび太くんの認識を変えようとしています。

つまりドラえもんは、のび太くんに対して「正解」を示すことと「気づき」を与えることをひたすら繰り返しているのです。

私は過去、約50人のメンバーを自分の組織で担当してきました。

常に高い成果を追わなければならないという事業環境のなかで、メンバーに求めるレベルを高く設定し、「正解」を示し、「気づき」を与えるべく厳しいコミュニケーション、厳しい指摘もたくさんしてきました。

そこでのポイントは、**〝できないこと〟ではなく、〝やらなかったこと〟に着目して、指摘する**ということです。

メンバーが〝いま〟できないことについて何か言っても、〝いま〟はできないのだから仕方がありません。そうではなく、「できるのにやらなかったこと」と「やると決めたのにやらなかったこと」に着目します。

一方で、メンバーの成果や、努力したプロセスについては、全力で認め、称賛してきました。メンバーへの称賛も指摘も、共通するポイントは、**〝具体的な行動を、理由を添えて称賛する（指摘する）〟**ということです。

「あのときの、この動きが良かった（ダメだった）。なぜなら〜」と具体的な行動と理由をつけて称賛（指摘）することで、次からメンバーが意識すべきポイントが明確になります。

これらを積み重ねることで、メンバーは一歩一歩着実に成長の階段を昇っていくことができるのです。

このことは、私自身がこれまで上司にたくさんの厳しい指摘を受けて成長してきたので、自信を持って言えます。

私の成長に向き合い、プロセスや成果に対して（称賛も指摘も含めた）本気のフィードバックをくださる上司がいたからこそ、「クビ宣告」というどん底から数々の営業組織を率いる立場にまで這い上がれました。

とりわけ私の成長の背景で大きかったのは、リクルートの「人材開発会議」でした。半年に一度、マネジャー以上が集まり、個々人の「強み・弱み」などの特性や「今後の育成計画（今後のキャリアイメージ）」について数日間かけて営業部全員を対象に議論をします。

そのときに話し合われているのは、「このメンバーはいまの事業において、今後どのようなポジションを担ってほしいのか。そのために何が足りないのか。それを鍛えるために、どんなコミュニケーションやどんな役割を与えていこうか」ということです。

執行役員や部長、課長などの管理職たちが、１人ひとりのメンバー全員に対して真剣に議論をし、その結果をもとに、マネジャーがメンバーの育成計画を立て、メンバーとのコミュニケーションによって、成長を促していくのです。

まさに、**〝価値創造の源泉は人である〟**というリクルートの人材マネジメントの基本思想を体現した仕組みです。

メンバーは、自らの可能性を自分ひとりだけで最大限に引き出すことはできません。リーダーがメンバーに向き合い、可能性を信じること。そのために必要な役割を与え、行動の指針を示すこと。これらによって、メンバーの可能性を最大限に引き出すことができるというのは、身を持って経験してきました。

最近は、時代の流れもあり、厳しいことを言う上司も少なくなったという話を聞きます。ただし、お互いに信頼関係があり、メンバーの成長を〝本気で〟考えているのであれば、指摘しないほうが不誠実です。

「あなたにはこうなってほしい」「あなたは、これができるようになれば、こういう世界が待っている」など、メンバーの未来を一緒に見ながら、問題の認識をそろえ、課題を設定し、解決策としてのミッションを1つずつクリアしていく。まさに営業がお客様に対してやるべきことと同様です。

私が「組織の営業力」＝リーダーの「マーケティングスキル」×「リサーチスキル」と定義しているのは、個人の営業力（＝マーケティングスキル×リサーチスキル）が高い人であれば、育成やマネジメント力も高いという考えが根底にあるからです。

営業に求められる、お客様とのコミュニケーションを通して、お客様の頭と心の中を深く理解（リサーチ）し、認識を変えることで、あなたの会社を選んでもらう（マーケティング）こと。これができる人は、同じようにメンバーを深く理解し、認識を変えることで、組織が理想とする行動へと導くことができるはずです。

メンバーの認識や行動が変わらないのは、メンバーの理解が足りていないのか、認識を変えるためのコミュニケーションになっていないのかのいずれかです。まずは、営業にとってのお客様と同じように、リーダーもメンバーに向き合うこと、メンバーを「知る」ことから、はじまるのです。

「リーダー自身の成長」＝「チームの成長」

「組織はリーダーの力量（スキル、スタンス）を映す鏡である」

これは私がはじめてマネジメントの役割を担うことになったときに、当時の営業部長からいただいた言葉です。以降、「組織は、リーダー（組織長、マネジャー）の力量以上には成長しない（逆に言えば、リーダーの力量によって組織も成長する）」、ということをずっと意識してきました。

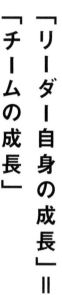

「リーダーの力量」が組織の限界を決めてしまうからこそ、リーダー自身が成長し続け、変わっていくことで、メンバーの見本とならなければなりません。

ここで言う「リーダーの力量」というのは、「リーダー個人としてのスキルの高低」以上に、「組織の力量をいかに最大化するか。再現性をもって成果を出し続けられるか」という視座と視点（＝スタンス）を持ち得るかどうかです。

一方、リーダーがやってはいけないのは、現有戦力などをはじめ、与えられた条件を、成果が出ない言い訳にすることです。

リーダーは、現有戦力のなかで組織が成果を出し続ける方法を考え、メンバーの個性や強みに合わせて役割を与えていく。メンバーが、その役割を全うし、成果を出すプロセスを通じて、メンバーの成長を促す。そうやって、〝機会〟を通じてメンバーが成長することで組織の力は上がっていくのです。

とくにリーダーに求められるのは、過去の成功体験を引きずらずに、きちんといまの時代に適応する、いわゆる「アンラーニング（学習棄却、学び直し）」ができるかどうかです。

アンラーニングは、リーダー自身が「顧客志向と学習志向（＝もっとよくなりたいという成長意欲）を持ち、深く内省ができるか」にかかっています。リーダー自身が「もっと良くなりたい、もっと良くしたい」という強い想いを持ち、「どうやったらもっと良くなれるのだろう？」と自分自身の成長に向き合えるからこそ、強い組織であり続けられるのです。

これまで、さまざまな経営者とお話をさせていただき、私自身も営業組織の責任者を担うなかで感じるのは、**トップ自身が変わり続けられる組織は圧倒的に強い**ということです。

これからも、外部環境は常に変化し続けていきます。不確実性や複雑性が高く、先の読めない時代において、どんなときでも成果を出し続けるために必要なのは、組織のトップであるリーダーが変わり続け、自らが成長し続けること。そのときどきの状況における組織の戦い方を定め、メンバーの能力(=個人の営業力)を引き上げることです。それらの根底にあるのが、「リーダーの力量(スキル、スタンス)」です。

最後に、「組織の成果」の再現性のために、リーダーに求められるのは、本書を通してお伝えしてきた次の3点です。

1 顧客志向と学習志向の「スタンス」を磨き続ける
2 「マーケティングスキル」と「リサーチスキル」を磨き続ける
3 「スタンス」と「スキル」を、お客様、組織全体、メンバー個人に対して活用する

リーダーがこれら3点にこだわり、自ら成長し続けることで、組織が成果を出し続ける状態を実現できるのです。

エピローグ

「営業」という仕事の価値を下げているのは営業自身

私が「営業」という仕事を15年間続けてきて、つらいことも、苦しいことも、うれしいことも、楽しいことも経験したなかで感じるのは、**「営業、めちゃくちゃ面白い！」「営業ほど面白い仕事はないのではないか」**ということです。

この感覚には、〝マーケティング〟と〝リサーチ〟との出会いが大きな影響を与えています。とくに、本書で述べた「考え方」が自分の中で腹落ちしてからは、**「営業という仕事の素晴らしさをもっとたくさんの人に伝えたい！」**という想いを抱くようになりました。

自分自身の成功体験に加えて、「営業に向いていない」「成果が出ない」と悩んでいたメンバーたちが、**〝営業に対するとらえ方〟**が変わったことで、めきめきと成長し、いきいきと仕事をしている姿を見てきたからです。

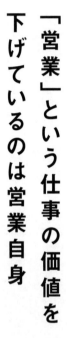

しかし残念ながら、**〝営業〟という仕事の価値は、世の中に正しく認識されていません。**世間での営業のイメージは、「数字に追われている」「お客様に怒られて大変そう」「商品を売り込まなければならない」など、決して良いイメージとは言えません。

さらには、テクノロジーが発達する世の中において、「営業不要論」が叫ばれるなど、営業の職業的価値は正しく評価されていません。

これらは、営業自身の責任でもあります。営業自身が自分の仕事の意義や価値を〝正しく〟理解できていないがゆえに、〝正しい〟価値を発揮できず、周囲に正しい価値が伝わっていないのです。

しかし、プロローグでも述べたとおり、これからは営業力で差がつく時代です。

いまの時代における「営業の価値」とは、お客様の理想の状態を実現するために、あなたの会社ができることを考え抜き、コミュニケーションによってお客様の認識を理想の状態に導き、お客様に選び続けていただける状態をつくることです。決して、無理矢理売り込むことでも、買う可能性のあるお客様を見極めることでもありません。

あなたの会社の商品・サービスが選択肢に入っていないお客様にも、その価値に気づいていただき、理想の状態を実現する手段として選んでいただけるのは、営業だけなのです。

だからこそ、営業という仕事に対する世の中の認識を変えるためにも、まずは営業自身が「営業の仕事」を正しく理解し、営業本来の価値を発揮する必要があるのです。

そのために本書では、営業の成果に再現性をもたらす考え方としての「マーケティング」と「リサーチ」、そして「循環型営業サイクル（知る→攻める→創る）」について説明してきました。また、それらを活用するために必要な「営業力」の磨き方についても、「個人」と「組織」の両面から解説してきました。

私がこれまで、営業という職種にプレイヤー、マネジメントとして携わった15年間をかけて考え抜いてきた「成果を出し続けるために必要なエッセンス」を余すことなく伝えたつもりです。

本書の考え方を理解し、お客様に向き合うことができれば、営業本来の価値を発揮することができるようになるはずです。さらには、営業という仕事に〝**誇り**〟を持てるようになるでしょう。

営業が、自分の仕事に〝誇り〟を持っていることは、お客様にも伝わります。仕事に誇りを持った営業から出る雰囲気や言葉は、とても純粋で、とても強いパワーを持っているからです。

営業は、あなたの会社の商品・サービスが提供する価値によって、お客様が笑顔になる瞬間をつくることができる仕事です。そして、その笑顔を一番近くで見ることができるのが営業という仕事であるということをどうか忘れないでください。

「営業」が変われば、世の中はもっと良くなる

「世の中の営業力を磨かなければならない」と強く思ったのは、マクロミル時代に、とある食品・飲料メーカーの小売営業（小売店に商品を採用してもらう仕事）の方とお話をしていたときのことです。

当時、私は食品・飲料メーカーの新商品の開発にマクロミルの営業担当として携わっていました。たび重なる調査と担当者の苦労の末、やっとの想いで新商品ができあがりました。

しかし、消費者からの評価は高かったにもかかわらず、とある小売チェーンに採用されなかったのです。理由は、商談の結果、「競合の新商品のほうがいいと判断された」ということでした。

そのとき、私の胸中にあったのは「消費者に向き合い、苦労して、いい商品をつくっても、

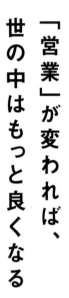

営業がバイヤーの心を動かせなければ、消費者の手に渡ることはないのか」という想いでした。

商品力が高いだけでは市場で勝ち残れない、**企業の競争優位性は「商品力」と「営業力」の両輪が重要**だとあらためて強く認識した出来事でした。

もし、世の中全体の「営業力」がもっと磨かれ、高いレベルで均質化すれば、今度は「商品力」の重要度が増します。

そしてまた、商品・サービスが磨かれ、「商品力」が均質化されれば、さらに「営業力」を磨く必要が出てきます。この繰り返しによって、世の中に提供される商品のレベルが上がっていけば、幸せな人は増えるはずです。

だからこそ営業は、自分たちの仕事の本質的な意義や価値を理解する必要があります。営業がお客様に向き合い、お客様の頭と心の中を深く理解したうえで、選び続けていただくことを本気で目指せば、幸せになる人を増やすことができるからです。

ここまでお伝えしてきた内容が、「もっと営業を頑張ろう」「営業って素敵な仕事だな」と思うきっかけになることを願っています。

そして、本書が1人でも多くの営業に携わる方にとってのヒントになり、1つでも多くの組織の提供価値を上げることにつながれば、こんなにうれしいことはありません。

最後に、この言葉で、本書を締めたいと思います。

「営業《わたしたち》が変われば、世の中はもっと良くなる」

おわりに　～営業が、もっと楽しく、ずっと続けられる職業になるために～

これまでの私の営業人生は、決して順風満帆とは言えませんでした。

若い頃はまったく成果も出ず、問題児と呼ばれ、たくさんの上司や先輩方にたくさんの指導の時間を使っていただきました。

マネジャーや部長になっても、悩みや課題は尽きず、そのつど、上司や先輩方が1つひとつの事象に対して向き合ってくださったからこそ、いまの自分があります。

壁にぶつかるたびに、もがき、苦しい想いをたくさん経験してきました。でも、そのときには常に、厳しくも温かく自分を叱咤激励してくれる上司や先輩・同僚がいました。

何より、そんな私でも、受け入れてくださったお客様がいたのです。

「お世話になった方、迷惑をかけた方に、なんとか価値を返したい」

この一心で、これまでがむしゃらに走り続けてきました。

その結果、少しずつ成果が出はじめ、価値をお返しできる感覚が身についていきました。そうして10年以上経ったあるとき、**「営業ってなんて楽しいんだ！」**という感覚に至っていたことに気づいたのです。

だからこそ本書は、私にとって**「恩送り」**の意味を持ちます。

私が、過去に上司や先輩から受けてきた指導やアドバイスによって、自分自身が成長することができた「恩」を、営業活動に悩み・課題を持っている方々に受け渡していくためのアウトプットが本書なのです。

あなたや、あなたの組織がこれから成果を出し続けるために、本書の内容を徹底的に理解し、活用し倒してください。そして、あなたなりの戦い方、成果の出し方を見出してください。

営業がやるべきことを究極的に言えば、**「目の前のお客様を幸せにする方法を真剣に考えること」**ただ1つです。これを愚直に続けていれば、絶対に活路は見えますし、あなたらしい成果の出し方が見つかるはずです。

本書は、たくさんの方々のおかげで世に出すことができました。

まず、出版のきっかけをくださった、株式会社スクールウィズ代表取締役の太田英基さん。太田さんがいなければ、編集を担当してくださった日本実業出版社の川上編集長にお会いすることはできませんでした。川上さんに、厳しくも温かく本書に向き合っていただいたからこそ、ここまで考え方を磨き上げることができました。

そして、本の発売を喜んでくださり、楽しみにしてくださっていたみなさん、毎日毎日、朝から晩まで仕事と執筆という生活のなかでも、応援し、支えてくれた妻と、本が出るのを楽しみにしてくれていた息子の碧斗に心から感謝しています。

いつか書いてみたいと思っていた本を、こうして出版できたのは、本当にいままで関わってくださったみなさまのおかげです。

とはいえ、まだまだ未熟者。もっともっと経験を積んで、1人でも多くの方に恩送りができるようになりたい。

私が目指すのは、営業をもっと楽しく、ずっと続けられる職業にすることです。
すべては、**営業という仕事のとらえ方しだい**。
本書との出会いが、1人でも多くの営業に携わる方にとって、変化のきっかけになることを願っています。

また、どこかでお会いしましょう。

2022年12月　通勤途中の地下鉄車内にて

木下　悠

参考文献

『WHYから始めよ!』サイモン・シネック 著/栗木 さつき 訳/日本経済新聞出版
『USJを劇的に変えた、たった1つの考え方』森岡毅/KADOKAWA
『マーケティング大原則』足立光、土合朋宏/朝日新聞出版
『あなたの知らない顧客体験マーケティング』村山幹朗、芹澤連/インプレス
『THIS IS MARKETING　ディスイズマーケティング 市場を動かす』セス・ゴーディン著/中野眞由美 訳/あさ出版
『電通さん、タイヤ売りたいので雪降らせてよ。』本間立平/大和書房
『マネジメント[エッセンシャル版]』P・F・ドラッカー 著/上田惇生 訳/ダイヤモンド社
『チャレンジャー・セールス・モデル』マシュー・ディクソン、ブレント・アダムソン著/三木俊哉 訳/海と月社
『隠れたキーマンを探せ!』ブレント・アダムソン、マシュー・ディクソン、パット・スペナー、ニック・トーマン 著/三木俊哉 訳/実業之日本社
『マーケティングの教科書――ハーバード・ビジネス・レビュー 戦略マーケティング論文ベスト10』ハーバード・ビジネス・レビュー編集部/ダイヤモンド社
『ポジショニング戦略』アル・ライズ、ジャック・トラウト 著/川上純子 訳/海と月社
『戦略インサイト』桶谷功/ダイヤモンド社
『「仕事ができる」とはどういうことか?』楠木建、山口周/宝島社
『マーケティングリサーチの論理と技法[第四版]』上田拓治/日本評論社
『「定性調査」がわかる本』林美和子、肥田安弥女/同友館
『ジョブ理論』クレイトン・クリステンセン、タディ・ホール、カレン・ディロン、デイビッド・S・ダンカン 著/依田光江 訳/ハーパーコリンズ・ジャパン
『恐れながら社長マーケティングの本当の話をします。』小霜和也/宣伝会議
『踊る大捜査線に学ぶ組織論入門』金井壽宏、田柳恵美子/かんき出版
『使える弁証法』田坂広志/東洋経済新報社
『米軍式人を動かすマネジメント』田中靖浩/日本経済新聞出版
『生き方』稲盛和夫/サンマーク出版
『経験からの学習』松尾睦/同文館出版
『職場学習論』中原淳/東京大学出版会
『仕事のアンラーニング』松尾睦/同文舘出版
『ダイアローグ・マネジメント　対話が生み出す強い組織』ケネス・J・ガーゲン/ロネ・ヒエストウッド/伊藤守 監訳/二宮美樹 訳/ディスカヴァー・トゥエンティワン
『組織開発の探究』中原淳、中村和彦/ダイヤモンド社
『なぜ「戦略」で差がつくのか。』音部大輔/宣伝会議
『経験学習リーダーシップ』松尾睦/ダイヤモンド社
『だから僕たちは、組織を変えていける』斉藤徹/クロスメディア・パブリッシング

木下　悠（きのした　ゆう）
2008年同志社大学卒業後、株式会社リクルート入社。住宅領域にて大手企業を中心とした企画営業に従事。2010年入社３年目の春にクビ宣告に近いＣ評価を受けたことを機に営業のとらえ方を大きく変え、難攻不落の企業との取引を２年で４倍に伸長させる。その後、大手不動産会社に対して、単なる広告支援に留まらない、産学連携による地域活性化をも視野に入れた大規模提案の功績を評価され、2014年リクルート全社２万人の中で年間10人だけが受賞する「TOPGUN AWARD」を受賞。2015年株式会社マクロミルに入社。営業として大手食品・飲料メーカーのマーケティング活動を支援。「知る→攻める→創る」という新たな循環型営業サイクルを提唱し、取引額が伸び悩んでいた大手企業取引を大幅伸長。営業部長就任以降は組織戦略変革を推進し、数々の営業パーソンの育成に寄与。戦略変革を実現した功績により、2018年マクロミルグループ全社世界16カ国から４組が受賞するイノベーション表彰「Macromill RecognitionClub」を受賞。2021年homie株式会社の執行役員／VP of Salesとして参画。homieが掲げるミッション「COLOR YOUR ROLE～あなたらしさを彩ろう～」の実現に向け、自社サービスの提供を主軸とした「住宅・不動産営業DX」を牽引。過去の経験から導き出された営業を再現性のある科学ととらえた理論を武器に、１人でも多くの営業が自分の仕事に自信と誇りを持てる世界を目指し、日々奔走している。

「営業《えいぎょう》」とは再現性《さいげんせい》のある科学《かがく》

2023年１月20日　初版発行
2023年３月20日　第２刷発行

著　者　木下　悠

発行者　杉本淳一

発行所　株式会社日本実業出版社　東京都新宿区市谷本村町3-29 〒162-0845
編集部　☎03-3268-5651
営業部　☎03-3268-5161　振　替　00170-1-25349
https://www.njg.co.jp/

印刷／理想社　　製本／共栄社

ISBN 978-4-534-05975-8　Printed in JAPAN